111 MAL WISSEN

Mittelalter

W0055949

Christa Pöppelmann

compact via ist ein Imprint der Compact Verlag GmbH

Text: Christa Pöppelmann
Redaktion: Heike Fröhlich, Tanja Greiner
Produktion: Johannes Buchmann
Abbildungen: siehe Bildnachweis Seite 128
Gestaltung: h3a GmbH, München
Umschlaggestaltung: h3a GmbH, München

ISBN 978-3-8174-8568-0
381748568/1

www.compact-via.de

INHALT

Spätmittelalter

Register   **126**

ANFANG

Was macht eigentlich das Mittelalter aus? Und wann hat es begonnen?

WAS?	Epoche zwischen Antike und Neuzeit
WANN?	Ca. 5.–16. Jh.
WO?	Europa

Als **Mittelalter** wird jene Epoche der europäischen Geschichte bezeichnet, die **nach dem Ende des antiken römischen Reiches** einsetzt und durch das **Christentum** sowie **feudale Staatsordnungen** geprägt ist. Der **Anfang ist umstritten** und kann nicht präzise benannt werden. Früher orientierte man sich am Ende der Antike und setzte den Beginn des Mittelalters etwa mit der römischen Reichsteilung (395) oder mit der Absetzung des letzten weströmischen Kaisers (476) an. Inzwischen tendiert man eher zu der Annahme, dass das Mittelalter später und mit der **Herausbildung neuer Strukturen** begann. Für **verschiedene Regionen Europas** bedeutet das auch **unterschiedliche Zeitpunkte**. So markiert für Italien etwa der Einfall der

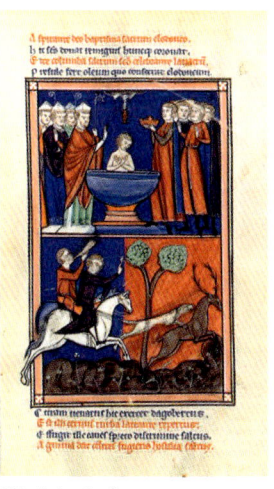

Chlodwigs Taufe

Langobarden (568) eine Zäsur, für das oströmische Reich der Tod des Kaisers Justinian (565). In Skandinavien dagegen kam es erst im 11. Jahrhundert zu einer Christianisierung und damit zu neuen staatlichen Strukturen. Für Westeuropa wird der Beginn des Mittelalters meist an der Taufe Chlodwigs festgemacht. Vermutlich wurde Chlodwig zwischen den Jahren 497 und 499 getauft.

AUSWIRKUNGEN
Die Einteilung der Geschichte in Antike, Mittelalter und Neuzeit ist vor allem auf die europäische Geschichte zugeschnitten. Für den Rest der Welt gilt diese Einordnung nicht unbedingt. Aber auch bei der Betrachtung des europäischen Mittelalters ergeben sich unterschiedliche Interpretationsweisen, je nachdem welche Region im Fokus steht.

FRANKEN

Das frühe Mittelalter war vom Reich der Franken geprägt. Aber wer waren sie eigentlich?

WER?	Bataver, Brukterer, Chatten, Marsaker, Ripuarier, Salfranken, Sugambrer, Tenkterer, Usiper u. a.
WAS?	Verbund westgermanischer Stämme
WANN?	Ab ca. 200

In der **Spätantike** begannen sich **germanische Stämme** in einem Raum, der etwa durch das Dreieck Bremen, Koblenz und Antwerpen gebildet wurde, **zusammenzuschließen**. Sie nannten sich Franci (die Kühnen) und tauchten in römischen Quellen erstmals Mitte des 3. Jahrhunderts auf. Teilweise siedelten sie linksrheinisch in Provinzen des römischen Reiches, teilweise rechtsrheinisch im freien Germanien. Sie unternahmen immer wieder **Raubzüge**

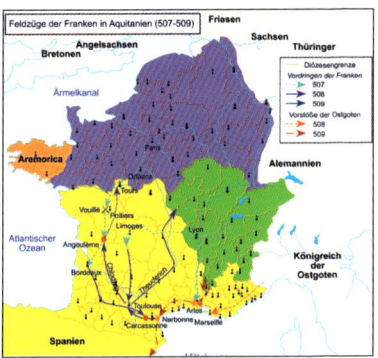

Feldzüge der Franken in Aquitanien

in die benachbarten römischen Provinzen, und das römische Reich war zunehmend unfähig, ihnen etwas entgegenzusetzen. 358 gewährte der römische Kaiser Julian (331–363) den Franken im heutigen belgisch-niederländischen Grenzgebiet den Status von römischen Verbündeten. **Ab 375** wurde der Mittelmeerraum und damit das römische Reich durch die **Völkerwanderung** erschüttert. Unterdessen gelang es den Franken, sich endgültig als dominante Macht in Westeuropa durchzusetzen. Etwa ab 463 wurden die Franken von **Childerich** († um 481) regiert. Dieser verstand sich einerseits als **König der Salfranken**, andererseits als Kommandeur der römischen Provinz Belgica II. Als sich sein Nachbar, der Statthalter Galliens – Aegidius († um 465) – von Rom lossagte, ging er mit ihm einen Pakt ein. Childerich regierte ein Gebiet zwischen dem Ijsselmeer, der Rhön, Nancy und Boulogne.

▨ AUSWIRKUNGEN

Mit dem Zusammenschluss der Franken begann eine **Machtkonzentration in Westeuropa**, aus der heraus das Reich Karls des Großen entstand.

CHLODWIG I.

Der erste König aller Franken war ein ebenso gerissener wie skrupelloser Politiker.

WER?	Chlodwig I., fränkischer König aus der Dynastie der Merowinger
WANN?	466 bis 27. November 511
WO?	Frankenreich (Frankreich, Niederlande, Belgien, Luxemburg, deutsches Rheinland sowie Mitteldeutschland mit Mainfranken, Hessen und Teilen Thüringens)

Chlodwigs Vater war der Frankenkönig Childerich I., der 482 von seinem 16-jährigen Sohn als Herrscher abgelöst wurde. Chlodwig I. eroberte 486 das Reich des römischen Stadthalters Syagrius, des Sohnes von Aegidius, besiegte 496 die Alemannen und 507 die Westgoten. Damit brachte er das ganze ehemalige römische **Gallien** mit Ausnahme des äußersten Südens **unter seine Kontrolle**. Außerdem schaltete er die übrigen fränkischen Kleinkönige aus. Dafür förderte er eine **neue Elite**, die aus seinen Getreuen und der Oberschicht der alten römischen Verwaltung in Gallien bestand. Die Strukturen und die Kultur der eroberten Gebiete tastete er so wenig wie möglich an. Das galt vor allem für die immer noch vergleichsweise gut organisierten und hochzivilisierten ehemaligen Römergebiete. Allerdings forderte er **bedingungslose Loyalität**. Um das Jahr 500 konvertierte er **zum katholischen Glauben** und nötigte auch 3000 fränkische Adlige, sich mit ihm taufen zu lassen. Damit war er **für den Papst** und den oströmischen Kaiser ein **akzeptabler Bündnispartner** geworden, der in allen künftigen Eroberungskriegen gegen Heiden oder arianische Germanen die Rückendeckung dieser beiden mächtigen Instanzen erhielt.

Franken nach Chlodwigs Tod

AUSWIRKUNGEN

Chlodwig I. ist der eigentliche **Gründer des Frankenreiches**. Durch seine Taufe verbreitete sich auch in Westeuropa das Christentum.

4 THEODERICH DER GROSSE

Er war der Einzige, der Chlodwig I. Paroli bieten konnte. Doch sein Reich hatte keinen Bestand.

WER?	Theoderich der Große, König der Ostgoten
WANN?	Ca. 451 bis 30. August 526
WO?	Italien mit Hauptstadt Ravenna

Theoderich war ein **ostgotischer Königssohn** aus Pannonien an der mittleren Donau. Er verbrachte seine **Jugend als Geisel** am oströmischen Königshof und wurde **Heermeister in römischen Diensten**. 488 zog er im Auftrag des Kaisers nach Italien, um den germanischen Eroberer Odoaker (um 433–493) zu besiegen, der den letzten weströmischen Kaiser abgesetzt hatte. Theoderich eroberte Italien, ließ Odoaker umbringen und **gründete ein Reich** mit der Hauptstadt Ravenna. Offiziell herrschte er dort als Statthalter der oströmischen Kaiser, faktisch aber als **unabhängiger Herrscher**. Dabei knüpfte er weitgehend an das römische Erbe an. Außenpolitisch war er um ein Bündnis aller in der Völkerwanderungszeit neu gegründeten germanischen Königreiche bemüht. Er heiratete deshalb auch Chlodwigs Schwester Audofleda (um 470–526). Hauptsächlich versuchte er allerdings, andere germanische Reiche vor einer Eroberung durch Chlodwig I. zu schützen, was im Fall der in Südfrankreich sitzenden Westgoten im Jahr 507 scheiterte.

Theoderichs Grab in Ravenna

■■ AUSWIRKUNGEN

Theoderich der Große war der **bedeutendste Herrscher der Völkerwanderungszeit**. Unter seiner Herrschaft, die sich durch eine bemerkenswerte **religiöse und kulturelle Toleranz** auszeichnete, erlebte die spätantike römische Kultur eine letzte Blüte. Allerdings überlebte ihn sein Reich nicht lange, sodass er nichts Bleibendes schuf. Obwohl er ein Zeitgenosse Chlodwigs war, wird Theoderich der Große der Spätantike zugerechnet.

REICH DER MEROWINGER

Bei den Merowingern herrschten oft Chaos und Bruderkriege.
Trotzdem hatte ihr Reich rund 300 Jahre Bestand.

WAS?	Frankenreich von Chlodwig I. und seinen Nachkommen
NAME	Benannt nach einem legendären Urahnen namens Merowech
WANN?	Ca. 453–751

Chlodwig I. vererbte sein Reich nach fränkischer Sitte an seine **vier Söhne**, die es in **Teilreiche** spalteten, aber anfangs noch zusammen-arbeiteten. So konnten sie die Gebiete der Thüringer und Burgunden erobern, während die Bayern sich vorsorg-lich „freiwillig" unterwarfen. Von den Unter-worfenen wurden vor allem Tribute und Mili-tärhilfe verlangt; Strukturen und die Kultur blieben weitgehend unangetastet. Das sorgte lange Zeit für stabile Verhältnisse, was erstaunlich ist, da die Königsfamilie sich schon bald aufs Heftigste befehdete. Unter Chlodwig war es zu einer **Neuinterpretation des Königtums** gekommen. Während **vorher** germanische Könige ihr **Heil durch glückli-ches Handeln** beweisen mussten und sich ihre Macht vor allem auf eine möglichst zahl-reiche Gefolgschaft stützte, war das König-tum nun an ein territoriales Reich gebunden. Das **Königsheil**, so glaubte man, wurde **mit dem Blut vererbt**. Deshalb musste das Kö-nigtum **immer an alle Söhne** (sofern sie

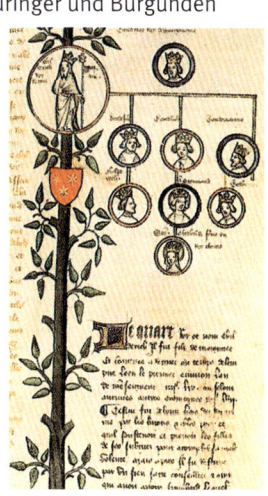

Stammbaum der Merowinger

nicht Geistliche wurden) weitergegeben werden, was zu einer ständigen **Zersplitterung der Macht** führte. Um dem zu begegnen, brachten viele Merowinger ihre Brüder und Neffen einfach um.

AUSWIRKUNGEN
Die gewaltsame und verworrene Geschichte der Merowinger liest sich **nicht gerade** wie eine **Erfolgsstory**, doch da es in Westeuropa keine Macht gab, die nur annähernd an das Frankenreich heranreichte, hatte das **Herrschergeschlecht trotz aller Bruderfehden** Bestand.

KAMPF DER KÖNIGINNEN

Kein Familienkampf der Merowinger beflügelte die Fantasie der Nachwelt so wie der von Brunichild und Fredegunde.

WER?	Brunichild (ca. 545–613), Königin von Austrien und Burgund; Fredegunde († 597), Königin von Neustrien; Chlotar II. (ca. 584–630), Fredegundes Sohn, König des gesamten Frankenreiches
WAS?	Krieg zwischen den merowingischen Teilreichen Austrien und Neustrien
WANN?	Ca. 570–613

Um 570 teilten sich Chlodwigs Enkel das Merowingerreich. **Guntram I.** (um 532–592) regierte **Burgund, Chilperich I.** (um 535–584) **Neustrien,** den Westteil, und Sigibert I. (um 536–575) **Austrien** – den Ostteil. Chilperich und Sigibert waren mit Töchtern des Westgotenkönigs verheiratet. Chilperich ließ jedoch zu, dass seine Frau von seiner Konkubine Fredegunde ermordet wurde und danach heiratete er Fredegunde auch noch. Das führte zum **Krieg gegen seinen Bruder Sigibert** und seine Schwägerin Brunichild. Sigibert gewann, wurde aber 575 auf Veranlassung von Fredegunde ermordet.

Chilperich und Fredegunde

Daraufhin begann Chilperich Austrien zu erobern, was zum Eingreifen des dritten Bruders, Guntram, führte. Der Konflikt fiel zugunsten Austriens und Guntram aus. 584 wurde auch Chilperich ermordet, vermutlich von austrischem Adel. Danach unterstellte sich seine Witwe Fredegunde ebenfalls Guntrams Schutz. Nun geriet dieser in Konflikt mit Brunichild, die einerseits eine Auslieferung der Mörderin Fredegunde forderte, andererseits als gebürtige Westgotin an Guntrams antiwestgotischer Politik Anstoß nahm. Brunichild wurde entmachtet und bis zu Guntrams Tod 592 herrschte Frieden. Danach brach der **Bürgerkrieg zwischen Fredegunde und Brunichilds Sohn** erneut aus. Als dieser 596 überraschend starb, führte Brunichild den Krieg im Namen ihrer Enkel weiter. 597 starb Fredegunde, aber an ihre Stelle rückte ihr 13-jähriger Sohn

Chlotar II. Ein oder zwei Jahre später wurde Brunichild von ihrem Enkel Theudebert II. von Austrien (585–612) vertrieben, konnte aber mit ihrem jüngeren Enkel Theuderich II. (587–613) in Burgund eine starke Machtstellung aufbauen. 611 kam es zum Krieg der Enkel, den Theuderich gewann. Kurz darauf starb er aber.

Erneut übernahm Brunichild die Macht, ließ allerdings von Theuderichs vier Söhnen nur einen krönen. Das nahm der austrische Adel zum Anlass, sich mit Chlotar II. von Neustrien zu verbünden, der Brunichild besiegte und sie und ihre Urenkel ermordete. **Chlotar II. übernahm nun auch die Macht** in Austrien und Burgund, musste dem austrischen Adel aber wichtige Zugeständnisse machen. Der **Adel** wurde als **politische Macht** anerkannt und in jedem der Teilreiche ein **starker Kanzler** (Majordomus oder Hausmeier) eingesetzt, der zusammen mit dem König regierte.

AUSWIRKUNGEN

Der Kampf der Königinnen beflügelte die Fantasie vieler Künstler, obwohl Brunichild und Fredegunde eigentlich nur in den Jahren 596 bis 597 direkt gegeneinander gekämpft hatten. Das wichtigste Ergebnis der Auseinandersetzung ist das *Edictum Chlotharii*, das die **künftige Macht der fränkischen Hausmeier** begründete.

DAS NIBELUNGENLIED

Ganz sicher ist es nicht, aber man geht davon aus, dass der Krieg der Königinnen die Nibelungensage beeinflusste. Darin gewinnt der Burgundenkönig Gunther Brunhilde zur Frau, indem er sie mit Siegfrieds Hilfe besiegt. Jahre später streitet sich Brunhilde mit Gunthers Schwester Krimhilde um den Vorrang. Daraufhin enthüllt Krimhilde, dass Brunhilde damals nicht Gunther, sondern Krimhilds Mann Siegfried unterlegen war. Brunhilde bringt Gunther dazu, Siegfried ermorden zu lassen, um ihre Schmach zu rächen. Ebenfalls aus Rachgier heiratet Krimhilde den Hunnenkönig Etzel und rottet mit seiner Hilfe ihre ganze Sippe aus.

Hochzeit von Gunther und Brunhilde

7 NEUE RELIGION FÜR EUROPA

Ein entscheidendes Charakteristikum des Mittelalters war das Christentum, das nun auch Gebiete erfasste, die nicht römische Provinz gewesen waren.

WAS?	Verbreitung des christlichen Glaubens in den nicht römischen Gebieten Europas
WANN?	Ab dem 4. Jh.
WO?	Zunächst Irland und Schottland, ab dem späten 5. Jh. Frankenreich

D as Christentum begann, sich schon in der zweiten Hälfte des **1. Jahrhunderts im römischen Reich** auszubreiten, wurde aber erst 313 legalisiert. 395 wurden alle anderen **Kulte schließlich verboten**. Nördlich der Alpen war das Christentum bis zu Chlodwigs Taufe weitgehend auf die ehemals römischen Gebiete Gallien und Britannien konzentriert. Ledig-

Der heilige Patrick

lich in Irland und Schottland hatte sich – vor allem durch die Missionsbemühungen des heiligen Patrick (5. Jh.) – ein sehr stark vom Mönchswesen geprägtes Christentum etablieren können. Diese iro-schottischen Mönche spielten eine entscheidende Rolle bei der Christianisierung des übrigen Europas. Alle **Merowingerkönige** von Chlodwig an förderten den **Ausbau kirchlicher Strukturen** und die **Missionierung** der unterworfenen Gebiete, ohne dabei Zwangsbekehrungen anzuordnen. Sie versprachen sich davon einerseits eine einigende Klammer, andererseits eine **kulturelle Erschließung**.

▨ AUSWIRKUNGEN

Die **Christianisierung** des nicht römischen Europas ging mit einer **Überwindung der alten Stammesstrukturen** einher und schuf tatsächlich einen **gemeinsamen Kulturraum**. Mit dem **Glauben** wurde auch das **Schrifttum** in Gebieten verbreitet, die bis dato keine oder nur Vorstufen von Schriftlichkeit gekannt hatten. Außerdem waren von den Mönchen Reste antiken Wissens bewahrt worden.

KONTINUUM BYZANZ

Das oströmische Kaiserreich stellte ein Bindeglied zwischen der Antike und dem Mittelalter in der europäischen Geschichte dar.

WAS?	Oströmisches Kaiserreich
WANN?	395–1453
WO?	Frühmittelalter: gesamter östlicher Mittelmeerraum jenseits des 37. Längengrades

Die Frage, wann die Antike aufhört und wann das Mittelalter beginnt, ist für den Osten Europas sehr viel schwerer zu beantworten als für den Westen. Dort bestand das **oströmische Kaiserreich bis zum Ende des Mittelalters**. Seine Herrscher sahen sich als einzige **legitime Nachfolger der Cäsaren** und ihr Reich als Fortsetzung des antiken römischen Reiches. Deshalb ist es schwer zu entscheiden, welche Zäsur zwischen Antike und Mittelalter die entscheidende ist: 313 wurde von **Kaiser Konstantin** das Christentum zugelassen, 395 gab es die Teilung in ein ost- und ein weströmisches Reich, 527 bis 565 regierte mit **Justinian I**. ein starker Herr-

Konstantin der Große

scher, den viele Historiker als **letzten römischen Imperator** ansehen. Er eroberte verloren gegangene Teile des weströmischen Reiches in Italien, Südspanien und Nordafrika zurück und stärkte noch einmal die antike römische Verwaltung und Kultur. Seine rigide, gegen heidnische Überbleibsel und christliche Ketzer gerichtete **Religionspolitik** dagegen hegte bereits **mittelalterliche Züge**. Unter seinen schwachen Nachfolgern gingen die Eroberungen in Westeuropa mit Ausnahme von Venedig, Ravenna und Süditalien jedoch schnell wieder verloren.

AUSWIRKUNGEN

Nach dem Tod Justinians waren die **Berührungspunkte** zwischen Westeuropa und dem oströmischen Reich relativ **gering**. Obwohl es stets einen gewissen Austausch gab, nahmen beide Regionen doch eine **eigenständige Entwicklung**.

NACHWEHEN DER VÖLKERWANDERUNGSZEIT

Die Wanderung der germanischen Völker in der Spätantike zog auch Wanderbewegungen anderer Völker nach sich.

WER?	Slawen, Langobarden, Awaren
WANN?	Mitte des 5.–7. Jh.
WO?	Osteuropa, vor allem Donauraum und Balkan

Ab 375 waren **germanische Völker durch die Hunnen** aus dem Osten Europas **vertrieben** worden. Das Hunnenreich zerfiel nach dem Tod König Attilas (453) innerhalb von zehn Jahren. Vermutlich von der heutigen Ukraine aus verbreiteten sich nun **slawische Stämme östlich der Elbe und im Donauraum**. Dadurch wurden die Langobarden, die von der mittleren Elbe stammten, aber nach Pannonien gezogen waren, wieder verdrängt und

So könnte König Attila vor seinem Tod 453 ausgesehen haben.

eroberten ab 568 Oberitalien. Um **555** tauchte zudem ein asiatisches Reitervolk auf, die **Awaren**. Sie waren von den **Göktürken** vertrieben worden, einem Zusammenschluss verschiedener Turkvölker, der zwischen Aralsee und Mandschurei ein großes Reich gegründet hatte. Die Awaren errichteten ein Reich im heutigen Ungarn und machten ihre slawischen Nachbarn tributpflichtig. Außerdem plünderten sie, ebenso wie die Slawen, immer wieder die römischen Balkanprovinzen, wenn die Kaiser in Kriege gegen das persische Sassanidenreich verwickelt waren. Im 7. Jahrhundert begannen sich viele Slawen der awarischen Oberherrschaft zu entziehen, indem sie sich auf dem Balkan ansiedelten und dort zu römischen Verbündeten gegen die Awaren wurden.

AUSWIRKUNGEN
Bei der Betrachtung der Völkerwanderungszeit liegt der Fokus meist auf den **Germanen**, die in Südeuropa **kurzlebige Reiche** bildeten, während die Ausbreitung der **Slawen** in Osteuropa und ihre **dauerhafte Ansiedlung** dort weniger Beachtung findet.

König Artus

Ob der legendäre König Artus je gelebt hat, ist zweifelhaft. Aber die Hintergründe der Sage sind historische Realität.

WAS?	Einwanderung der Angeln, Sachsen und Jüten nach England
WANN?	5.–6. Jh.
WO?	England

Germanen aus Jütland und dem heutigen Schleswig-Holstein hatten schon im 3. Jahrhundert immer wieder Kriegszüge in die **römische Provinz Britannia** unternommen. Um **410 gab Rom die Insel auf** und die zurückbleibende romanisch-keltische Oberschicht warb vermutlich germanische Söldner an, um sich gegen Überfälle der Iren und schottischen Pikten zur Wehr zu setzen. Um die Mitte des **5. Jahrhunderts** kam es zur **Masseneinwanderung**, vor allem von **Angeln und Sachsen**. Dass es

Excalibur

einen Widerstand der einheimischen Bevölkerung gab, ist sicher. Ob ihn wirklich ein Held namens Artus anführte, weiß man dagegen nicht. Auch andere Details aus der **Artussage** wie der große Sieg am Mount Badon können, müssen aber keinen historischen Hintergrund haben. Sicher ist, dass es den Einwanderern gelang, mehrere kleine Königreiche zu gründen (Essex, Wessex, Sussex, Kent, Mercia, East Anglia). Die **römisch-keltischen Briten wurden zurückgedrängt**. 577 gelang ein weiterer entscheidender Sieg, der die britischen Rückzugsgebiete im Westen und Norden trennte, sodass letztlich nur **Cornwall und Wales als keltische Regionen** bestehen blieben.

AUSWIRKUNGEN

Die **Eroberung durch die Angelsachsen** läutete zwar das **englische Mittelalter** ein, bedeutete zivilisatorisch aber erst einmal einen Rückschritt. Das römische Erbe Britanniens wurde durch die Kriege zu großen Teilen zerstört. Auch das **Heidentum** setzte sich wieder durch, bis es im 7. Jahrhundert zur erneuten Missionierung kam.

11 ARABISCHE EXPANSION

Für den Nahen Osten waren die Entstehung und Ausbreitung des Islam die einschneidende Zäsur zwischen der Antike und dem Mittelalter.

WAS?	Arabische Eroberungspolitik und Ausbreitung des Islam
WANN?	Ab 630
WO?	Arabische Halbinsel, Naher Osten, Persien, Nordafrika, Spanien

Die beherrschenden **Mächte im östlichen Mittelmeerraum** und im Nahen Osten waren in der Spätantike **Ostrom** und das persische **Sassanidenreich**. Beide lagen seit dem 3. Jahrhundert fast ständig im **Krieg** miteinander. 629 siegte schließlich der römische Kaiser, erschöpfte damit aber auch die Kräfte seines eigenen Reiches. Mit einer Bedrohung von dritter Seite rechnete keine der beiden Mächte. 630 gelang dem **Propheten Mohammed** (um 570–632) mit der **Eroberung von Mekka** der entscheidende machtpolitische Durchbruch. Danach **unterwarf** er innerhalb von zwei Jahren fast die ganze **arabische Halbinsel**. Da Mohammed seinen Anhängern die **traditionellen Raubzüge** der Beduinen untereinander **verboten** hatte, richteten sich diese nun nach außen. Außerdem forderte Mohammed, überall das „Haus des Islam" zu errichten. Damit war im Prinzip keine Zwangsbekehrung verbunden, Polytheismus wurde aber nicht geduldet, weshalb die zumeist polytheistischen arabischen Beduinen kaum eine Wahl hatten, als die neue Religion zu übernehmen. Nach **Mohammeds Tod** im Jahr 632 dehnten die Kalifen die Expansion über die arabische Halbinsel hinaus aus. Unterworfene Christen, Juden und Zarathustrier durften nun ihre Religion behalten, mussten aber eine **Sondersteuer** zahlen und hatten eingeschränkte Rechte und Möglichkeiten.

Mohammeds Tod

MOHAMMED

Der islamische Prophet wurde in der Handelsstadt Mekka als Spross einer verarmten Kaufmannsfamilie geboren. Im Alter von 40 Jahren, so erklärte er, habe der Engel Gabriel begonnen, ihm die Suren des Korans zu diktieren, mit dem Auftrag, sie weiterzugeben. Mit seiner gegen Vielgötterei und Bilderverehrung gerichteten Lehre zog sich Mohammed aber auch die Feindschaft einflussreicher Schichten zu und musste 622 mit seinen Anhängern nach Medina fliehen (Beginn der islamischen Zeitrechnung). Dort konnte er jedoch eine starke Stellung aufbauen und schließlich Mekka erobern.

Weder Ostrom, noch das Sassanidenreich, beide zudem von inneren Streitigkeiten geplagt, hielten dem Angriff der Araber lange stand. Ostrom verlor bis 642 den Nahen Osten und Ägypten, beides Regionen, die in den byzantinisch-persischen Kriegen hart umkämpft wurden, sodass **wechselnde Herrscher** keine Besonderheit darstellten. Die Sassaniden mussten 636 den heutigen Irak und 642 das iranische Hochland aufgeben. Danach verlangsamte sich das Tempo der Eroberungen, aber in-

Sassanidische Schale

nerhalb der nächsten rund 100 Jahre wurden auch Nordafrika, die iberische Halbinsel und der zentralasiatische Osten des Sassanidenreiches unterworfen. Bei der **Etablierung der Herrschaft** griffen die arabischen Eroberer sehr stark auf **oströmische Strukturen** zurück. Außerdem wurden große Teile der byzantinischen und persischen Kultur übernommen. Der Islam setzte sich in den unterworfenen Gebieten erst im Lauf der nächsten 300 Jahre als vorherrschende Religion durch, ebenso die arabische Sprache im Mittelmeergebiet und im Nahen Osten.

AUSWIRKUNGEN

Das damals geschaffene Großreich ist noch heute **Kerngebiet des Islam**. Die damalige Teilung in einen arabisch und einen persisch geprägten Teil liegt ebenfalls noch vor. Auch wenn es später zu einer **politischen Zersplitterung** des Kalifenreiches kam, war damit ein neuer entscheidender Machtfaktor geschaffen. Außerdem wurde die Grundlage gelegt, auf der sich der **Islam zu einer Weltreligion** etablieren konnte.

12 AUFSTIEG DER HAUSMEIER

Die Bruderkriege der Merowinger führten allmählich dazu, dass ihre Hausmeier die wahren Machthaber im Frankenreich wurden.

WER?	Pippin von Herstal oder Pippin der Mittlere, Hausmeier von Austrien
WANN?	Ca. 635–714
WO?	Frankenreich

Im Jahr 639 starb der **Frankenkönig Dagobert I.**, „der Gute", ein Sohn Chlothars II. Das Reich fiel an seine neun und zwei Jahre alten Söhne. Damit brach eine **Zeit weitgehender Anarchie** an, in der sich der Adel der beiden Teilreiche Austrien und Neustrien gegenseitig und untereinander in **wechselnden Koalitionen** befehdete. Während im fränkischen Kern-

Childerich II.

land quasi Bürgerkrieg herrschte, sagten sich Sachsen, Bayern, Alemannen und Thüringer los oder stellten die Tributzahlungen ein. 675 wurde **König Childerich II.**, der kurzzeitig noch einmal das Gesamtreich regiert hatte, **ermordet.** Pippin von Herstal, dessen Großväter beide maßgeblich für das *Edictum Chlotharii* verantwortlich gewesen waren, setzte sich an die Spitze des **Widerstandes des austrischen Adels** gegen Childerichs weiter amtierenden mächtigen, neustrischen Hausmeier. 679 konnte sich **Pippin** schließlich als Hausmeier eines unabhängigen Austriens durch-

setzen. 687 besiegte er gemeinsam mit der neustrischen Opposition den dortigen Hausmeier. 701 war seine Stellung in Neustrien so gefestigt, dass er das verwaiste **Hausmeieramt einem seiner Söhne** übergeben konnte. Damit war Pippin zum **Herrscher des Gesamtreiches** aufgestiegen, auch wenn die Merowingerkönige pro forma im Amt blieben.

▪ AUSWIRKUNGEN

Pippin von Herstal, der Urgroßvater Karls des Großen, sicherte den **Fortbestand** des vom Zerfall bedrohten **Frankenreiches** und legte den Grundstein für den **Aufstieg der Karolinger**.

MAUREN IN SPANIEN

711 wurde auch Europa von der arabischen Expansion erfasst.
Islamische Heerführer zerstörten das Westgotenreich.

WER?	Tarik ibn Ziyad (ca. 670–720)
WAS?	Eroberung der iberischen Halbinsel und Eingliederung als Provinz al-Andalus in das muslimische Kalifat
WANN?	Juli 711

Nach der Eroberung Ägyptens setzten die Araber ihre **Expansionspolitik** an der nordafrikanischen Küste fort, wobei sie allerdings auf heftigen **Widerstand der Berber** stießen, der um 700 weitgehend gebrochen war. 711 schickte der Statthalter Nordafrikas, Musa ibn Nusair (640–715), seinen **Heerführer Tarik**, einen zum Islam übergetretenen Berber, **nach Spanien**, wo die Westgoten in der Völkerwanderungszeit ein Reich gegründet hatten. **König Roderich** befand sich gerade im Kampf gegen aufständische Basken,

Der Widerständler Pelayo

musste mit seinem Heer überstürzt nach Süden eilen und wurde von Tarik in einer **siebentägigen Schlacht** geschlagen. Roderichs Tod machte die **Westgoten führerlos**, sodass Tarik – entgegen Nusairs Befehlen – die Eroberung bis zur Hauptstadt Toledo fortsetzen konnte. Ein Jahr später kam ibn Nusair selbst mit weiteren Soldaten hinzu und die iberische Halbinsel wurde nahezu vollständig erobert. Lediglich im bergigen Nordwesten, in Asturien, organisierte ein Adliger namens **Pelayo** († 737) ein kleines Widerstandsnest, das bis heute als Keimzelle der **Reconquista** (Kampf gegen die arabische Herrschaft) gilt.

AUSWIRKUNGEN
Spanien und Portugal waren über weite Teile des Mittelalters **muslimisch** geprägt. Damit bildeten sie auch ein Tor, über das **Errungenschaften** der islamischen Kultur in den übrigen Teil **Europas** gelangten. Wahrscheinlich spielte das maurische Spanien in diesem Bereich sogar eine größere Rolle als später die Kreuzzüge.

14 Karl Martell

Der Großvater Karls des Großen galt als militärisches Genie. Er besiegte nicht nur die Araber, sondern revolutionierte auch das Heerwesen.

WER?	Karl, genannt Martell (Hammer), fränkischer Hausmeier
WAS?	Sieg bei Tours und Poitiers 732, Aufstellung einer gepanzerten Reiterei
WANN?	Ca. 688 bis 22. Oktober 741

Karl Martells Grab

Nach dem **Tod Pippins** des Mittleren drohten auch unter den Hausmeiern der Merowinger **Bruderkriege** auszubrechen. Pippins Witwe kämpfte für ihren Enkel, musste sich aber schließlich Karl, dem Sohn aus einer Nebenehe, geschlagen geben. **Karl** erwies sich vor allem als **brillianter Feldherr**, der das fränkische Heer völlig neu organisierte. Statt sich auf ein bewaffnetes Volksheer zu stützen, legte er sich eine **Panzerreiterei** zu. Zur Sicherung ihres Lebensunterhaltes und ihrer Ausrüstung erhielten diese Berufssoldaten Land als Lehen. Mit dieser bestens ausgebildeten **Elitetruppe** verwirrte er seine Gegner mit völlig neuartigen taktischen Manövern. Auf diese Weise eroberte er verloren gegangene Gebiete wie Bayern und Alemannien zurück und schlug die Sachsen, die immer wieder Raubzüge auf fränkisches Gebiet unternahmen. 732 bedrohten die **Mauren** von Spanien aus das unabhängig gewordene Aquitanien. **Karl schlug sie zurück** und gliederte schließlich auch Aquitanien wieder in das Frankenreich ein.

▨ AUSWIRKUNGEN

Karl Martell galt in der Geschichtsschreibung lange als der **Retter des Abendlandes**. Heute geht man davon aus, dass die Mauren allenfalls noch Südfrankreich hätten erobern können, aber keinesfalls ganz Europa unterwerfen. Als bedeutsam werden vor allem Karls **militärische Innovationen** und die Einführung des **Lehenswesens** gesehen, aber auch allgemein die **Stärkung des geschwächten Frankenreiches**.

HEILIGER BONIFATIUS

Fast jedes europäische Land hat seinen eigenen Missionar. In Deutschland ist das der heilige Bonifatius.

WER?	Wynfreth, Klostername ab 719: Bonifatius
WANN?	Ca. 673–755
WAS?	Benediktinermönch, Missionar, Bischof von Mainz

Zu Beginn des 8. Jahrhunderts waren das heutige Frankreich, Süddeutschland und das Rheinland weitgehend christianisiert, Hessen und Thüringen aber nur teilweise und Sachsen und Friesland so gut wie gar nicht. So versuchte sich der aus adliger englischer Familie stammende Missionar Bonifatius auch zunächst an der **Bekehrung der Friesen**,

Taufe und Märtyrertod des heiligen Bonifatius

was allerdings scheiterte. Ab 721 zog er im Auftrag Karl Martells durch Hessen, Thüringen, Mainfranken und Bayern. In den bereits christlichen Gegenden gründete er die **Bistümer** Regensburg, Freising, Passau, Salzburg, Würzburg, Eichstätt und Erfurt. In den anderen predigte er, ließ aber auch Klöster als Zentren einer künftigen, **kontinuierlichen Christianisierung** der Bevölkerung errichten, z. B. Fritzlar, Ohrdruf, Amöneburg und Fulda. Spektakuläre Aktionen wie die berühmte **Fällung der Donareiche** bei Fritzlar waren eher die Ausnahme. Gegen Ende seines Lebens versuchte Bonifatius noch einmal sein Glück bei den Friesen, wurde aber von ihnen erschlagen.

AUSWIRKUNGEN

Obwohl Bonifatius letztendlich als **Märtyrer** starb, liegt seine eigentliche Bedeutung weniger in gefährlichen Konfrontationen mit überzeugten Anhängern des Heidentums, sondern darin, der **Kirche in Deutschland** über das Rheinland hinaus eine **Struktur** gegeben zu haben. Damit legte er ebenfalls den Grundstein für eine **dauerhafte Etablierung** nicht nur des **Glaubens**, sondern auch des damit verbundenen **zivilisatorischen Fortschrittes**.

16 KÖNIG UND PAPST

Papst Stephan und König Pippin schlossen einen Pakt, der das Mittelalter prägen sollte.

WER?	Papst Stephan II. (Stephan Orsini, † 757); Pippin der Jüngere (714–768), fränkischer Hausmeier und König, Sohn Karl Martells
WAS?	Allianz zwischen Papsttum und fränkischem Königtum, Gründung des Vatikanstaates
WANN?	754

Die **Bischöfe von Rom** hatten von Anfang an eine besondere Stellung innerhalb der christlichen Kirche, galten sie doch als **Nachfolger des Apostels Petrus**. Eine tatsächliche Machtstellung und politische Bedeutung erreichten sie aber erst nach und nach. Bis in die Zeit Justinians standen nicht die Päpste, sondern die oströmischen Kaiser den bischöflichen Konzilien vor und griffen auch in theologische Fragen ein. Es waren vor allem **Leo der Große** (um 400–461) und **Gregor der Große** (um 540–604), die das **Papsttum** zumindest in der lateinischen Kirche des Westens zur **obersten geistlichen Instanz** machten.

Im Lauf der Zeit trat das **Problem** auf, dass der Heilige Stuhl durch **Landschenkungen** sehr reich wurde, aber **keinerlei Truppen** besaß – und nach damaligem theologischem Verständnis auch nicht haben durfte – um diesen Besitz zu verteidigen. Gleichzeitig betrieben die oberitalienischen **Langobarden** eine immer **expansivere Politik** und eroberten weite Teile Mittelitaliens, darunter sowohl päpstlichen wie byzantinischen Besitz. Die oströmischen Kaiser griffen dennoch – trotz flehentlicher **Hilferufe der Päpste** – nicht ein. In dieser Situa-

Pippin der Jüngere

tion wandte sich Papst Stephan II. an den fränkischen König Pippin I. Der Sohn Karl Martells war seinem Vater als Hausmeier gefolgt, hatte aber 751 bei Stephans Vorgänger Zacharias (um 679–752) gefragt, ob nicht derjenige die Krone tragen solle, der wirklich die Macht habe. Als der Papst dies bejahte, verbannte **Pippin** den letzten Merowinger ins Kloster und ließ sich selbst zum **fränkischen König** krönen.

Ob **Papst Stephan II.** drei Jahre später eine Gegenleistung forderte, ist ungewiss. Auf jeden Fall vereinbarte er mit **Pippin**, dass dieser die **Langobarden bekämpfen** und die eroberten Gebiete dem Heiligen Stuhl übergeben sollte, darunter auch solche, die zuvor nicht den Päpsten, sondern Byzanz gehört hatten, wie das Exarchat von Ravenna. Dafür salbte Stephan im Gegenzug Pippin zum „patricius romanorum", zum **Schutzherrn Roms**.

AUSWIRKUNGEN

Der **Pakt** zwischen Stephan II. und dem Frankenkönig Pippin I. wertete die Machtstellung beider Seiten auf. Die Päpste wurden durch die **Pippinische Schenkung** Herrscher über ganz Mittelitalien und erhielten zudem **militärischen Schutz**. Durch Pippins Anfrage bezüglich der Krönung wurde einem Papst zudem zum ersten Mal die Autorität zugesprochen, eine Entscheidung von rein

Papst Stephan und König Pippin

politischer Tragweite zu treffen. Der Emporkömmling Pippin dagegen erhielt durch die Päpste starken **moralischen Rückhalt**. Mit ihrem Pakt stellten sie die Weichen, um gemeinsam die oberste geistliche und die maßgebliche weltliche Macht im lateinischen Westeuropa zu verkörpern. Damit verbündeten sie sich gegen alle etwaigen Konkurrenten im Westen und vertieften die Kluft zum griechischen Osten.

DIE KONSTANTINISCHE SCHENKUNG

Die Pippinische Schenkung, bei der Pippin von den Langobarden eroberte byzantinische Gebiete an den Papst übergab, war rechtlich natürlich höchst problematisch. Also ließen die Päpste um 800 ein Urkunde fälschen, nach der Kaiser Konstantin (um 280–337) dem Heiligen Stuhl die Vorherrschaft über das ganze weströmische Reich geschenkt haben soll. Ob die Päpste gut 50 Jahre zuvor gegenüber Pippin schon mit dieser angeblichen Schenkung argumentierten, weiß man nicht.

17 KARL DER GROSSE

Kaiser Karl, der Enkel von Karl Martell, war König des Fränkischen Reiches und römischer Kaiser. Er ist einer der bekanntesten Herrscher des Abendlandes.

WER?	Karl der Große, fränkischer König und römischer Kaiser
WANN?	Wahrscheinlich 2. April 747 bis 28. Januar 814
WO?	Ca. das Gebiet der heutigen Staaten Frankreich, Niederlande, Belgien, Luxemburg, Schweiz, Liechtenstein, Deutschland, Italien außer dem Süden, Österreich, Tschechien, Westungarn, Slowenien, Kroatien, Bosnien-Herzegowina, Nordserbien

Karl der Große erbte die fränkische Königswürde 768 im Alter von etwa 20 Jahren. Der Beginn seiner Herrschaft war kriegerisch, anfangs galt sein Bestreben der Sicherung von bestehenden Strukturen. Nach und nach ging Karl jedoch zu einer **Eroberungspolitik** über. 773 unterwarf er auf einen erneuten päpstlichen Hilferuf hin das **Langobardenreich** und krönte sich zum **König Oberitaliens**. Zudem eroberte er die spanischen Pyrenäen, Kärnten, Friaul und Sachsen. Die **Unterwerfung der Sachsen** dauerte 30 Jahre und verlief ausgesprochen **blutig**. Allerdings ist umstritten, ob Karl die ihm unterstellten Grausamkeiten wie das Abschlachten von 4500 Menschen beim Blutgericht von Verden 782 wirklich begangen hat.

Nach der Niederlage wurden die **Sachsen zwangschristianisiert**. Karls eigentliche Motivation für die Unterwerfung dürfte aber nicht die Ausrottung des Heidentums, sondern die Beendigung der sächsischen Raubzüge gewesen sein. Die Bretagne, die slawischen Gebiete zwischen Elbe und Oder, Böhmen, Mähren, das Awarenreich und den westlichen Balkan machte Karl tributpflichtig. An den Grenzen richtete er sogenannte **Marken** ein, deren **Markgrafen** besondere Befugnisse hatten, z. B. selbstständig Heere aufstellen durften, um eine wirksame Verteidigung zu organisieren. Das übrige Reich teilte er in fast hundert **Gaue**,

Karl der Große

an deren Spitze er **Gaugrafen** stellte. Mit diesen stand er über ein **System von Königsboten** in ständigem Kontakt. Um sich herum scharte er einen **Mitarbeiterstab**, für den er die fähigsten Köpfe seiner Zeit zu gewinnen suchte, etwa den britischen Gelehrten Alkuin (735–804) oder seinen Biographen Einhard (um 770–840).

Von **Karls Hofkanzlei** gingen beträchtliche **kulturelle Impulse** aus, teils von ihm persönlich angeregt. So ließ er etwa alles noch vorhandene **Wissen der Antike** sammeln, aber auch neue Bücher zu bestimmten Themen schreiben oder einen Kanon des Wissens erstellen, den jede Klosterschule lehren sollte. Auch die umfangreiche **Bautätigkeit**, darunter Aachener Pfalz und Dom, wurde von der Kanzlei geleitet. Im Jahr 800 zog Karl nach Rom, um Streitigkeiten zwischen Papst Leo III. († 816) und dem römischen Adel zu schlichten. Im Weihnachtsgottesdienst krönte Leo ihn schließlich zum römischen Kaiser. Laut seinem Biografen hatte Karl von Leos Plänen nichts gewusst, was Historiker aber nicht für glaubhaft halten.

Krönung Karls des Großen durch Papst Leo

▦ AUSWIRKUNGEN

Mit seinen brutalen Eroberungen schuf Karl der Große einen weite Teile Europas umfassenden, **einheitlichen Kulturraum**. Gerade noch unterentwickelte Gebiete profitierten von den neu geschaffenen Strukturen und der „Karolingischen Renaissance", die Karl auf kulturellem Gebiet bewirkte. Außerdem war er wesentlich an der **„Erfindung" des mittelalterlichen Kaisertums** beteiligt, das eine politische Zersplitterung Europas verhindern sollte.

KARL PRIVAT

Karl der Große soll auch körperlich ein sehr großer Herrscher gewesen sein, der sich bewusst einfach kleidete, fröhliche Tafelrunden schätzte und ebenfalls einen umfassenden Bildungshunger besaß. Zu seiner engsten Umgebung gehörten auch seine Töchter, die nicht heiraten, aber Liebhaber haben durften, und dank des engen Kontaktes mit den Gelehrten hochgebildet waren.

---

18 KALIFAT

In der Person des Kalifen waren geistliche und weltliche Herrschaftsansprüche vereint. Das Kalifat stellte nicht nur ein Amt dar, sondern das gesamte Reich des Kalifen.

WER?	Arab. kalif = Nachfolger (Mohammeds), Stellvertreter Gottes
WAS?	Anfangs höchste weltliche und geistliche Instanz über alle Muslime
WANN?	Ab 632

Nach Mohammeds Tod übernahmen **gewählte Kalifen** seine **Führerrolle**. Schon **656** kam es jedoch zu einer **ersten heftigen Krise**. Mohammeds Schwiegersohn Ali (um 598–661) wurde vierter Kalif und seine Anhänger plädierten für eine **Erbdynastie**. Es kam zu Kämpfen mit der Opposition, angeführt vom syrischen Stadthalter Muawiya (603–680), zur **Ermordung Alis** und zur Abspaltung seiner Anhänger, der Schiiten. **Muawiya** wurde fünfter Kalif

Das Gebiet al-Andalus

und gründete nun selbst eine Dynastie: die **Umayyaden**. Sie residierten in Damaskus. 750 wurden sie von den Abbasiden gestürzt, die den Sitz des Kalifats nach Bagdad verlegten. Berühmtester Abbaside ist wahrscheinlich **Harun ar-Raschid** (um 763–809), der in *Tausendundeine Nacht* zum Märchenhelden wurde und mit Karl dem Großen in diplomatischem Kontakt stand. Der letzte Umayyaden-Spross **Abd ar-Rahman** (731–788) eroberte mithilfe der Berber al-Andalus. 929 rief einer seiner Nachfolger das **Kalifat von Cordoba** aus. Bereits 910 hatte auch der Schiitenführer **Abdallah al-Mahdi** (873–934) den Titel Kalif angenommen. Seine Nachfolger regierten von 969 bis 1171 als **Fatimiden** in Ägypten. Die Kalifen von Bagdad dagegen gerieten 945 unter persische und 1055 unter seldschukische Herrschaft und galten nun nur noch als geistliche Oberhäupter des Islam.

▨ AUSWIRKUNGEN

Das Ideal einer Einheit aller Muslime unter einem Anführer hielt der Realität nicht lange stand. Wichtiger als die Kalifen waren fortan die **Sultane** der großen muslimischen Reiche.

ZERFALL DES KAROLINGERREICHES

Uneinigkeit, Wikingerangriffe und Krankheit ließen die Macht der fränkischen Könige immer schwächer werden.

WER?	Ludwig der Fromme (778–840), Ludwig der Deutsche (806–876), Karl der Kahle (823–877), Karl III. (839–888), Karl der Einfältige (879–929) u. a.
WAS?	Spaltung des Karolingerreiches in einen west- und einen ostfränkischen Teil
WANN?	840–911

Karl der Große hatte **nur einen überlebenden Sohn, Ludwig,** sodass sein Reich zunächst nicht aufgeteilt wurde. Ludwig jedoch, der aufgrund seiner engagierten Kirchenpolitik „der Fromme" genannt wurde, hatte **vier Söhne aus zwei Ehen,** was zu langwierigen **Auseinandersetzungen** führte. 869 waren jedoch nur noch Ludwig, der den deutschsprachigen Ostteil bekam, und Karl der Kahle, an den der französische Westen ging, übrig. Eine **Wiedervereinigung** unter Ludwigs Sohn Karl III. dauerte

Karl der Kahle und seine Mutter

nur drei Jahre. Im späten 9. Jahrhundert machten häufige **Wikingerangriffe** auch den stärkeren Herrschern zu schaffen, während sie sich unter den schwachen verheerend auswirkten. Außerdem litten wohl mehrere Karolinger unter **Epilepsie.** 911 starb der letzte aus der Linie der ostfränkischen Karolinger. Gemäß der Tradition wäre das Reich nun unter dem schwachen westfränkischen König Karl dem Einfältigen wiedervereinigt worden. Die ostfränkischen Großen – mit Ausnahme der Lothringer – wählten aber **Herzog Konrad von Franken** (um 881–918) zum König.

AUSWIRKUNGEN

Die **Wahl von 911** markiert den **Beginn der eigenständigen Entwicklung** der Staaten Frankreich und Deutschland. Dabei war Deutschland immer noch bei Weitem rückständiger gemessen am römisch geprägten Frankreich. Politisch erwies es sich aber zunächst als stärker.

AUFSTIEG DER KAPETINGER

Im Westfrankenreich machten die Grafen von Paris den karolingischen Königen zunehmend Konkurrenz.

WER?	Odo (um 865–898), Robert I. (866–923), Hugo der Große (895–956), Hugo Capet (941–996) u. a.
WAS?	Französisches Königsgeschlecht, benannt nach Hugo Capet
WANN?	987–1328

Hugo Capet

Im Jahr 885 belagerten 30.000 dänische Wikinger Paris. Dessen Graf Odo konnte aber den **Widerstand** organisieren, bis nach fast einem Jahr das königliche Heer, das sich in Italien befunden hatte, eintraf. **König Karl III.** kämpfte aber nicht, sondern zahlte den Dänen **Tribut**, was die Bevölkerung als **Verrat** empfand. Als Karl 888 starb, wurde Odo zum König gewählt, da der karolingische Erbe erst neun Jahre alt war und man sich einen starken Herrscher wünschte. Als Odo versuchte, seinen **Bruder Robert zum Nachfolger** zu machen, kam es zum **Bürgerkrieg**. Odo blieb schließlich König, musste aber den Karolinger Karl den Einfältigen zu seinem **Erben** machen. In der Folge kam es jedoch immer wieder zu **Kämpfen und Machtwechseln**.

Immer wenn die Karolinger sich zu schwach zeigten oder die Grafen von Paris zu stark zu werden drohten, erhielt die jeweils andere Seite Unterstützung. Die **bedeutendste Gestalt** dieser Zeit war Odos Neffe, **Hugo der Große**, der sich bewusst weigerte, den Königstitel anzunehmen, aber meist wie ein solcher regierte. 987 gab es dann nur noch einen – unbeliebten – karolingischen Thronkandidaten und Hugos Sohn Hugo Capet konnte sich endgültig die Macht sichern.

▨ AUSWIRKUNGEN

Mit Hugo Capets Wahl **stabilisierten** sich die **Verhältnisse** in Frankreich wieder. Die Könige waren allerdings mit einem sehr **stark gewordenen Adel** konfrontiert, und ihre Macht reichte kaum über Paris hinaus.

WIKINGERZEIT

Die Wikinger waren vieles: Händler, Siedler und Piraten, vor allem aber Seefahrer.

WER?	Skandinavische Seefahrer
WANN?	Im engeren Sinn 793–1066
WO?	Alle Meere und Küstenregionen Europas

Skandinavien war im frühen Mittelalter eine **Bauerngesellschaft**, in der es jedoch – wie in vielen archaischen Gesellschaften – üblich war, dass junge Männer durch **Raubzüge** ihren Mut bewiesen und sich ein Vermögen erbeuteten, bevor sie sich niederließen. Eher wenige blieben auch im erwachsenen Leben Seefahrer. Ab dem späten 8. Jahrhundert kam es zur **Bildung großer Banden,** die auf dauerhaften Raub hin ausgerichtet waren und keinen Bezug zur Heimat mehr hatten. Sie ließen sich in kleinen **Piratennestern** etwa an der irischen Küste nieder oder überwinterten sogar auf ihren Schiffen. Als **erster Wikingerüberfall** gilt die Plünderung des englischen Klosters **Lindisfarne 793**. Teilweise wurden aus diesen Piratenstützpunkten im 9. Jahrhundert große Kolonien, in denen sich wieder eine weitgehend friedliche Bauerngesellschaft bil-

Originale Waffen der Wikinger

dete, etwa im Gebiet Danelag in Mittelengland, an der slawischen Ostseeküste, in Irland, auf den Orkneys, Hebriden, Shetlandinseln und Faröern. Daneben gab es aber auch skandinavische Seefahrer, die Handel betrieben, vor allem mit **Luxuswaren** wie etwa russischen Pelzen, byzantinischer Seide oder orientalischen Gewürzen. Oftmals gingen Raub und Handel auch Hand in Hand.

AUSWIRKUNGEN

Die überaus **brutalen Überfälle der Wikinger** waren eine traumatische Erfahrung für den europäischen Kontinent. Daneben unterhielten die Wikinger aber auch das weitreichendste **Handelsnetz** und leisteten einen maßgeblichen Beitrag zur **Erschließung** der entlegeneren Teile **Nordeuropas**.

22 ERIK DER ROTE

Die Geschichte der frühen Entdeckungsfahrten im Atlantik ist vor allem mit dem Namen Eriks des Roten verknüpft.

WER?	Erik Thorvaldsson
WANN?	Ca. 950–1003
WO?	Island und Grönland

Island wurde wahrscheinlich schon im 7. Jahrhundert von skandinavischen Wikingern entdeckt. Im späten **9. Jahrhundert** begann die **Besiedelung** vor allem durch Norweger, aber auch durch andere Skandinavier und Kelten. Nach dem isländischen *Landnámabók* gilt **Ingolfur Arnarson als erster Siedler**, der um 870 durch eine Totschlagsanklage seinen Besitz in Norwegen verloren hatte. 930 soll zum ersten Mal der **Thing** zusammengetreten sein, eine **Versammlung aller Abgeordneten** (Goden) aus den einzelnen Bezirken. Erik der Rote kam im Alter von etwa 20 Jahren mit

Wo der Thing tagte: Thingvellir in Island

seinem Vater, der wegen eines Mordes aus Norwegen fliehen musste, nach Island. Zwölf Jahre später wurde er selbst wegen Mordes für drei Jahre verbannt. Er segelte nach Westen, um ein Land zu suchen, das ein gewisser Gunnbjörn Ulfsson einige Jahrzehnte früher entdeckt hatte. Nach seiner Rückkehr warb er 25 Schiffe voll mit Siedlern für Grönland an. Sein Sohn **Leif** (um 975–1020) soll um das Jahr 1000 **Amerika entdeckt** haben und eine Siedlung gegründet haben. Ob er bei der Rückreise von Norwegen nach Grönland irrtümlich dort landete oder ein Land suchte, von dem bereits berichtet worden war, ist strittig.

▨ AUSWIRKUNGEN

Die Erschließung Grönlands und die Entdeckung Amerikas durch die Wikinger sind spektakulär und beweisen deren **seemännische Fähigkeiten** und ihren Wagemut. Die Siedlung in Neufundland (Vinland) bestand aber nur etwa eine Generation und auch die grönländischen Wikinger starben um 1550 aus, wobei die Ursachen immer noch rätselhaft sind.

REICH DER RUS

Der Handel zwischen Skandinavien und Konstantinopel führte zur Bildung des ersten russischen Reiches.

WER?	Rurik (um 830–879) und Oleg († um 912), beide historisch zweifelhaft; Olga (um 900–969); Swjatoslaw I. (um 942–972); Wladimir der Heilige (960–1015)
WANN?	862–1240
WO?	Im Wesentlichen heutige Ukraine, Weißrussland und Ostrussland

Etwa ab der Mitte des 8. Jahrhunderts entstanden im russischen Ostseeraum skandinavische Handelsplätze und ca. 50 Jahre später war eine den russischen Flussläufen folgende **Route** zum Schwarzen Meer und damit **nach Konstantinopel** erschlossen. Die **fremden Händler** wurden von den Einheimischen Waräger genannt. Ob es sich nur um Skandinavier oder auch um Slawen handelte, ist umstritten. Jedenfalls erlangten sie mit der Zeit entlang der Handelsroute die **Oberherrschaft**. Der Legende nach soll der Warägerfürst Rurik 862 in Nowgorod ein Fürstentum gegründet haben. 882 verlegte Oleg das **Zentrum nach Kiew**. 955

Rurik

ließ sich Fürstin Olga, die Schwiegertochter Ruriks, christlich taufen. Sie und ihr Sohn Swjatoslaw dehnten den Einfluss des Reiches gewaltig aus. Olgas Enkel Wladimir suchte 988 das Bündnis mit dem oströmischen Reich. Später zerfiel das Warägerreich in immer mehr **Teilreiche**, deren Herrscher aber einem **Großfürsten** unterstanden. Im 13. Jahrhundert wurden die Teilreiche nach und nach von den **Mongolen** erobert.

■ AUSWIRKUNGEN

Wladimir der Heilige sorgte dafür, dass das Reich der Rus politisch und religiös mit dem byzantinischen Kulturkreis verbunden wurde. Mit dem lateinischen Westen gab es relativ wenig Berührungspunkte. Die russische Kultur, die im frühen Mittelalter entstand, war gefestigt genug, die Mongolenzeit zu überstehen.

24 UNRUHIGES SÜDOSTEUROPA

Der Donauraum stellte ein Scharnier zu Asien dar, über das immer wieder neue Völker nach Europa kamen.

WER?	Hunnen, Awaren, Bulgaren, Ungarn
WANN?	4.–14. Jh.
WO?	Donauraum und Balkanhalbinsel

Die unruhigste Gegend des frühen Mittelalters war der Donauraum. Immer wieder stießen hier **fremde Völker** aus Asien nach Europa vor und siedelten sich zumeist **im Pannonischen Becken** an. Im 4. Jahrhundert waren das die **Hunnen**, im 6. die **Awaren** und im 7. wurde dann das Turkvolk der **Bulgaren** von den ebenfalls turksprachigen Chasaren aus den südrussischen Steppengebieten Richtung Europa verdrängt. Im 9. Jahrhundert folgten die aus der Uralgegend stammenden **Ungarn**. Dies führte dazu, dass die Bulgaren, wie zu-

Hunnen

vor schon die Slawen, auf den Balkan auswichen. Die oströmischen Kaiser versuchten dies zu verhindern, mussten aber schließlich ein **Khanat der Bulgaren** akzeptieren. Dieses übernahm jedoch allmählich die slawische Kultur und 864 ließ sich Khan Boris I. († 907) taufen. Unter seinem Sohn Simeon dem Großen (864–927) umfasste das Khanat die heutigen Staaten Bulgarien, Rumänien, Makedonien und große Teile Serbiens. Die **oströmischen Kaiser** versuchten ihre **Vormachtstellung** zu behalten, indem sie zu unterschiedlichen Zeitpunkten mit verschiedenen Balkanvölkern paktierten. Die Ungarn dagegen verbreiteten im 10. Jahrhundert durch fürchterliche Raubzüge bis nach Sachsen und Lothringen Angst und Schrecken.

◼ AUSWIRKUNGEN

Die **Ungarn** etablierten sich als **starke Macht im Donauraum** und sorgten so auch dafür, dass die Region stabiler wurde. Auf dem **Balkan** dagegen konnten sich bis zur Eroberung durch die Türken im 14. Jahrhundert **keine Reiche mit klaren Grenzen** bilden.

OTTO DER GROSSE

Unter den späten Karolingern war die Kaiserwürde wieder
verloren gegangen. Otto I. holte sie zurück.

WER?	Otto I., König des Ostfrankenreiches, König von Italien, römischer Kaiser
WAS?	Sieg auf dem Lechfeld über die Ungarn, Errichtung des Reichskirchensystems, Gründung des römisch-deutschen Kaiserreiches
WANN?	23. November 912 bis 7. Mai 973

Nach dem Tod Konrads I. 919 wählten die ostfränkischen Fürsten den Sachsenherzog Heinrich (um 876–936) zum König. Dieser sorgte frühzeitig dafür, dass sein Sohn Otto Nachfolger wurde. Das Ostfranken-reich bestand damals aus den starken Stammesherzogtümern Sachsen, Franken, Bayern, Schwaben und Lothringen. Die größte **Gefahr** stellten

Otto I. und Papst Johannes XII.

ständige **Raubzüge der Ungarn** dar. Gegen sie, aber auch gegen Überfälle der Slawen ließen Heinrich I. und sein Sohn die **Elbe als befestigte Grenze** ausbauen. **Otto** besiegte die Ungarn schließlich 966 auf dem **Lechfeld**. Innenpolitisch musste er sich gegen zahlreiche **Rebellionen** wehren, vor allem von unzufriedenen Verwandten, die er letztendlich alle niederschlagen konnte. In der Folge übertrug er den **Bischöfen immer mehr Macht**, da diese in der Regel gebildeter und zuverlässiger als die Fürsten waren und keine Erben hatten. 951 heiratete er die Witwe des italienischen Königs, übernahm die italienische Königswürde und brachte 961 den Papst nach mehreren vergeblichen Anläufen dazu, ihn zum Kaiser zu krönen.

▦ AUSWIRKUNGEN

Ottos Sieg auf dem Lechfeld machte der Ungarngefahr ein Ende. Die Einsetzung der Bischöfe in politische Ämter schuf ein **Reichskirchensystem**, das charakteristisch für Deutschland werden sollte. Außerdem sehen die Historiker ihn als eigentlichen **Gründer des mittelalterlichen Kaiserreiches**.

MITTELALTERLICHES KAISERREICH

Das römisch-deutsche Kaisertum prägte das Mittelalter. Aber leicht zu verstehen ist es nicht.

WAS?	Erneuerung des römischen Kaiserreiches der Antike
WANN?	961–1806
WO?	Meist nur Deutschland, Oberitalien und Böhmen

Otto I. und Adelheid

Nach dem Tod Ludwigs des Frommen benutzten die Päpste die Kaiserkrone, um ihre Favoriten für die italienische Königswürde zu küren. Erst **Otto der Große** griff die Idee Karls des Großen, das **römische Kaiserreich wiederherzustellen** (Renovatio imperii) erneut auf. Er und seine Nachfolger bezeichneten sich deshalb auch als römische, nicht als deutsche Kaiser. Idealerweise sollte dieser **Kaiser über alle christlichen Könige** herrschen. Ohne dass es irgendwo festgelegt worden wäre, erhoben in der Folge nur die deutschen Könige Anspruch auf diese Kaiserwürde. Sie mussten jedoch die Päpste dazu bringen, sie zu krönen. Zusammen mit der **Kaiserkrone** beanspruchten sie auch die **Königswürde Italiens**, was ebenfalls oft nur mit blutigen Kämpfen durchzusetzen war. Den Bestrebungen, eine Oberherrschaft in Europa zu erringen, war auch wenig Erfolg beschieden. Gegenüber Frankreich, England und Spanien wurden nie Versuche unternommen, ebenso wenig wie man es auf einen Kampf gegen die byzantinischen Kaiser ankommen ließ. Auch die ost- und nordeuropäischen Fürsten verweigerten mit zunehmender Macht deren Huldigung.

AUSWIRKUNGEN

Das Kaiserreich war vor allem eine Idee, die teilweise durch das **antike Vorbild**, teils durch **christliche Vorstellungen** geprägt wurde. Die **Kaiserwürde** hob die deutschen Könige aus der Masse der übrigen Herrscher heraus, brachte in der Praxis aber auch gewaltige Probleme mit sich. Die **Kluft zwischen Ideal und Wirklichkeit** war immens.

FEUDALGESELLSCHAFT

Die Gesellschaft des Mittelalters war vor allem durch das Lehenswesen geprägt.

WAS?	Feudalgesellschaft, lat. feudum = Lehen
WANN?	Ab dem 7. Jh.
WO?	Nach und nach praktisch alle Länder des lateinischen Europas (Ausnahmen z. B. oberitalienische Städte, Island)

Die alte **Stammesgesellschaft** in Europa war durch **Gefolgschaften** geprägt. Ein Volk bestand aus der Gemeinschaft derer, die einem Anführer folgten. Land nahm man sich einfach. Über die Verteilung wurde innerhalb der Gemeinschaft entschieden. Im Mittelalter dagegen spielte **Grundbesitz** eine zentrale Rolle. Der Großteil des Landes wurde vom **König** an die (geistlichen und weltlichen) **Fürsten** verliehen, die ihm dafür Treue schuldeten und im Kriegsfall ein bestimmtes Heereskontingent zu stellen hatten. Diese **Vasallen** wiederum verliehen Teile des Landes an **Aftervasallen**, die dafür ebenfalls zu Loyalität und **Kriegsdiensten** verpflichtet waren. Am Ende standen die **Bauern**, die das Land bebauten und dafür **Abgaben** und Dienste schuldig waren. Daneben gab es

Belehnung zweier Ritter

aber auch **Privatbesitz** (Allodium). Anfangs waren die meisten Bauern frei, aber der damit verbundene Kriegsdienst war eine so große Belastung, dass viele ihre Freiheit aufgaben. Grundsätzlich durften alle Unfreien, aber auch Frauen und Kleriker, keine Waffen tragen, genossen dafür aber – zumindest theoretisch – ein Anrecht auf Schutz.

AUSWIRKUNGEN

Das Lehenswesen war ein System, in dem beide Seiten **Rechte und Pflichten** hatten. In der Praxis war es für die Rangniederen aber meist schwierig, ihre Rechte einzufordern, wenn ihr Herr seinen Verpflichtungen nicht nachkam. Außerdem setzte der Adel mit der Zeit durch, dass seine **Lehen erblich** wurden, was seine Position sehr stärkte.

NEUE HERRSCHER

Bis zum Jahr 1000 entstanden nahezu gleichzeitig auch in
Ost- und Nordeuropa starke Reiche.

WAS?	Bildung christlicher Fürstentümer und Königreiche
WANN?	Spätes 9. bis frühes 11. Jahrhundert
WO?	Ungarn, Polen, Böhmen, Normandie, Dänemark, Norwegen, Schweden

Nachdem Otto der Große 966 die Ungarn geschlagen hatte, machte **Großfürst Geza** (um 940–997) innerhalb kürzester Zeit ein sesshaftes, christliches Volk nach westeuropäischem Vorbild aus ihnen. In Nordosteuropa unterwarf **Polanenfürst Mieszko** (um 935–992) die Nachbarstämme der Wislanen, Slensanen, Masowier, Lendizen und Pomeranen. Anschließend ließ er sich taufen. Damit entzog er seinen christlichen Nachbarn die Möglichkeit, ihn unter dem **Vorwand der Unterwerfung des Heidentums** anzugreifen. In Böhmen war dieser Schritt schon um 880 erfolgt. Die Normandie hatte der **Wikingerführer Rollo** (um 860–931) unter seine Kontrolle gebracht. Seine Eroberung sicherte er 911 ab, indem er sich Karl dem Einfältigem unterwarf, sich taufen ließ und französischer Lehensmann wurde.

Auch in **Skandinavien** begannen sich **größere Reiche** zu etablieren. Der erste historisch greifbare König Dänemarks ist **Gorm der Alte** († 958), der über Jütland regierte, der erste norwegische König ist **Harald Schönhaar** (852–933), der große Teile der Westküste unter seiner Kontrolle hatte, und **Erik der Siegreiche** (um 945–995) beherrschte Mittelschweden. Auch diese Herrscher bemühten sich, ihr Land nach dem Vorbild der eta-

blierten Reiche umzustrukturieren. In Dänemark ließ sich Gorms Sohn 960 taufen, die Könige von Schweden und Norwegen übernahmen 1008 und 1013 das Christentum. Allerdings gab es überall auch **Widerstand** und viele später heiliggesprochene Könige gingen alles andere als zimperlich gegen die nichtchristliche Opposition vor. So ließ

Rollos Grab in Rouen

Büste des Großfürsten Geza

Stephan von Ungarn (969–1038) seinem heidnischen Vetter die Augen ausstechen und Blei in die Ohren gießen, um ihn von der Thronfolge auszuschließen. Anfangs suchten die meisten dieser neuen Herrscher die **Verständigung mit den etablierten Mächten** und unterwarfen sich dem Kaisertum. Dieser **Kaiser** war ab 996 **Otto III.** (980–1002). Der Enkel Ottos des Großen war ein Visionär, der davon träumte, von Rom aus über ein geeintes, christliches Europa zu herrschen. Um dieses Ziel zu erreichen, setzte der junge Kaiser auf **friedliche Verständigung** mit den neuen Herrschern und erhob Stephan von Ungarn und Boleslaw I. von Polen (965–1025) zu Königen. Später unterwarfen sich diese neuen Herrscher meist nicht mehr dem Kaisertum.

▨ AUSWIRKUNGEN

Der Anpassung an die etablierten, christlichen Reiche konnte sich ab dem 10. Jahrhundert in Europa niemand mehr entziehen. Doch nur Fürsten, die bereits als Heiden mächtig gewesen waren, konnten Reiche gründen, die Bestand hatten. Den Elbslawen etwa gelang es nicht, obwohl sich immer wieder Herrscher taufen ließen und mit den deutschen Fürsten kooperierten.

DER LETZTE WIKINGER

Harald Blauzahn (um 910–987) war Dänemarks erster christlicher König. Sein Sohn Sven Gabelbart aber wollte nicht auf die Wikingerfahrten verzichten. Er blieb Heide, jagte seinen Vater vom Thron, eroberte Norwegen und führte mehrere Raubzüge in England an. Als König Ethelred II. (um 968–1016) daraufhin ein Massaker an den in England lebenden Dänen anrichtete, eroberte Sven das Land. Sein Sohn Knut der Große (um 995–1035) war dann wieder Christ, ging aber äußerst grausam bei der Durchsetzung seiner Macht vor. Als er diese jedoch gesichert hatte, erlebte der britisch-skandinavische Raum unter seiner Herrschaft eine weitgehend friedliche und wirtschaftlich äußerst prosperierende Ära.

ORDENSWESEN

Das Mönchtum spielte in ganz Europa eine überragende Rolle. Aber seine Bedeutung änderte sich.

WER?	Vor allem Benedikt von Nursia (um 480–547)
WAS?	Klöster und Stifte für Männer und Frauen
WANN?	Ab dem 4. Jh.

Das Ideal eines asketischen, ganz Gott gewidmeten Lebens begann, sich im Christentum im 3. Jahrhundert zu verbreiten. Im 4. Jahrhundert wurden die ersten **Mönchsgemeinschaften** gegründet. Mehrere Kirchenlehrer entwarfen **Regeln für das Zusammenleben**, daneben gab es aber auch ungeordnete Gemeinschaften. Während sich die Mönche in der griechischen Kirche meist möglichst weit aus der Welt zurückzogen und ganz dem Gebet widmeten, war der **Westen** durch die **Benediktiner** und ihr Prinzip „Bete und Arbeite" geprägt. Später wurden viele Gemeinschaften durch **Schenkungen** enorm reich und besaßen ausgedehnte Ländereien und Tausende von Bauern. Für weltliche Belange, darunter auch für den militärischen Schutz, mussten die Äbte allerdings Vögte einsetzen. Manche

Benediktinerabtei Maria Laach in der Eifel

adligen Vögte delegierten die eigentliche Arbeit wieder an Untervögte. Neben den **Klöstern** gab es auch noch **Stifte**, die eigene Regeln hatten. Meist waren sie **Adligen** vorbehalten und den Stiftsherren oder -damen – im Gegensatz zu Mönchen und Nonnen – war Besitz erlaubt.

▨ AUSWIRKUNGEN

Klöster spielten bei der Zivilisierung und Christianisierung Europas eine überragende Rolle. **Bildung** wurde anfangs fast **nur in Klosterschulen** vermittelt. Später hatten die Äbte und Äbtissinnen bedeutender Klöster und Stifte auch große politische und wirtschaftliche Macht. Es gab aber immer wieder Klöster, in denen die Ordensregeln missachtet wurden und es sehr weltlich zuging. Das war im **Hochmittelalter** Anlass zahlreicher **Klosterreformen**.

CHRISTENTUM IM FRÜHMITTELALTER

Im Hochmittelalter war das Christentum eine Macht, die das Leben aller Gläubigen durchdrang. Vor dem 11. Jahrhundert war das noch anders.

WAS?	Kirchliches System mit Papst, Bischöfen, Orts- und Eigenkirchen
WANN?	6.–11. Jh.
WO?	Westeuropa

Die **Päpste** sahen sich zwar als **Oberhäupter der gesamten Christenheit**, doch der Einfluss auf die griechische Kirche ging mehr und mehr verloren. Wichtige **Entscheidungen** wurden von **Bischofskonzilien** getroffen. Gewählt wurden die Päpste von Volk und Klerus Roms, wobei immer wieder einzelne Adelssippen die Wahlen dominierten und ihre Sprösslinge auf den Heiligen Stuhl brachten. Als besonders skandalös gilt die Zeit der Pornokratie oder **Mätressenherrschaft im frühen 10. Jahrhundert**, als die Mätressen Theodora und Marozia die eigentlichen Herrscherinnen des Vatikans gewesen sein sollen. Die Versuche Ottos III., eigene, würdige Päpste einzusetzen, zogen einen erbitterten **Widerstand** der Römer nach sich. Über die Landeskirchen aber bestimmten meistens die jeweiligen Herrscher, vor allem indem sie Bischöfe ernannten. Auch **Adlige** gründeten oft **Eigenkirchen** oder Stifte, deren Priester oder Äbte sie persönlich einsetzten. Für das Seelenheil der einfachen Leute sorgten ungebildete **Dorfpriester**, die vor allem taufen, den Sterbenden die Beichte abnehmen und die Toten begraben mussten. Seelsorge oder regelmäßige Gottesdienste für einfache Menschen spielten noch kaum eine Rolle. Der Kirche stand von allen Erträgen der zehnte Teil zu, wobei es in der Handhabung dieses Zehntes starke regionale Unterschiede gab.

Otto III.

![] AUSWIRKUNGEN

Vor allem **kirchliche Reformen** machen den **Wechsel zwischen Früh- und Hochmittelalter** aus.

31 FAMILIE IM MITTELALTER

Familie war im Mittelalter vor allem eine Zweckgemeinschaft.

HEIRATSALTER	Ca. 16 Jahre bei Frauen, 18 bei Männern, im Adel teils niedriger
KINDERANZAHL	Aufgrund hoher Säuglingssterblichkeit und zahlreicher Sexualverbote (an Feiertagen, während der Fastenzeit, während der Menstruation, während des Stillens) nicht übermäßig hoch
RECHTSLAGE	Frauen standen grundsätzlich unter der Vormundschaft des Mannes, wobei diese bei Witwen oft nur formal bestand.

Das Mittelalter war von Herrschaften geprägt. An unterster Stelle stand der Hausherr, der, selbst wenn er unfrei war, das Sagen über alle hatte, die in seinem Haushalt lebten. Zwischen Männern und Frauen gab es eine **strenge Arbeitsteilung**, wobei eine Bauernstelle oder ein Handwerksbetrieb eigentlich nur gemeinsam betrieben werden konnten, sodass man **aufeinander angewiesen**

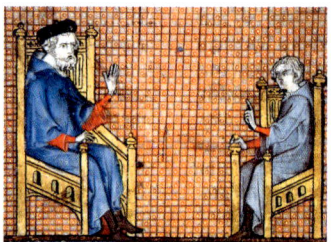

Vater und Sohn in einer Handschrift des 14. Jahrhunderts

war. Das bedeutete in der Regel, dass Männer nicht in Frauenbereiche hineinredeten. **Geheiratet** wurde meist **aus Vernunftgründen** und bei Unfreien benötigte man die Zustimmung des Herrn. Im Frühmittelalter stellte sich die Kirche **gegen Zwangsheiraten** und die Möglichkeit, Frauen jederzeit wieder verstoßen zu können. Im Hochmittelalter setzten sich die kirchlich geschlossene Ehe und das **Verbot der Scheidung** durch. Kinder mussten etwa ab sieben Jahren mitarbeiten und galten mit 14 als erwachsen. Sexuelle Verfehlungen oder uneheliche Geburten wurden zunehmend schwerer geahndet.

▨ AUSWIRKUNGEN

Vor allem bei den einfachen Leuten war Familie etwas, das man brauchte, um die Härten des Lebens zu meistern. Ein gutes Arrangement der Eheleute war dabei sehr hilfreich. Kirchliche Normen, die anfangs gut gemeint waren, wurden aber immer mehr zur Fessel.

CHRISTLICHE RITUALE

Viele christliche Rituale hatten heidnische Wurzeln.

WER?	Anfangs vor allem einfaches Volk, später die ganze Kirche
WAS?	Segnungen, Weihen, Reliquienkult, Heiligenverehrung, Wallfahrten
WARUM?	Schutz vor dem Bösen, Erlangen von konkretem Heil, Ablass der Sünden

Im frühen Mittelalter unterschieden sich christliche Theologie und Volksglaube immens. Die einfachen Menschen versprachen sich von der Religion vor allem **praktischen Schutz**. Deshalb spielten **Rituale**, die göttlichen Beistand und Segen beschwören sollten, aber auch angeblich **Heil bringende Gegenstände** wie Reliquien, Hostien oder Weihwasser eine überragende Rolle. **Heilige** wurden weniger als Vorbilder verehrt, sondern **als Nothelfer** bei ganz konkreten Anliegen angerufen. Hinter diesen Ritualen steckte vielfach ein **magisches Verständnis**, dass sich nicht sehr von dem vorchristlicher, heidnischer Rituale unterschied. Im frühen Mittelalter prangerten die Theologen diesen Aberglauben noch heftig an, vor allem die Überzeugung, zauberkundige Menschen oder böse Geister könnten konkreten Schaden anrichten. Denn für die offizielle Kirche galt, dass Teufel und Dämonen Menschen zwar zum Bösen verführen könnten, aber nicht die Macht besäßen, Krankheiten oder Unglück zu bewirken. Im Verlauf des Mittelalters wurden **Reliquienkult und Heiligenverehrung** zu einem elementaren Bestandteil der christlichen Religion. Der Kampf gegen die damit verbundenen magischen Vorstellungen trat immer mehr in den Hintergrund.

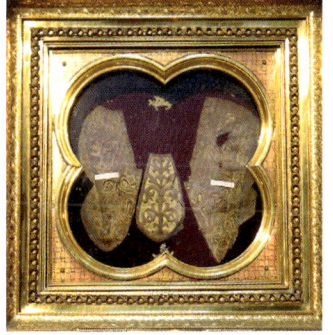

Die Sandalen Christi – eine bedeutende Reliquie des Mittelalters

▨ AUSWIRKUNGEN

Am Ende des Mittelalters war auch die **offizielle Kirche** von vielen Elementen des **Volksglaubens** erfasst, beispielsweise von der Angst vor der konkreten Macht des **Teufels** und zauberkundigen Menschen.

MEDIZIN

Mangelndes Wissen und Vorurteile waren die zwei großen Probleme der mittelalterlichen Medizin.

WER?	Hildegard von Bingen (1098–1179); Ibn Sina, im Westen als Avicenna bekannt (980–1037) u. a.
WAS?	*Kanon der Medizin*
WO?	Vor allem Westeuropa, Anfangs vor allem Klöster, ab dem 12. Jahrhundert Universitäten

Vom **medizinischen Wissen der Antike** war in Westeuropa **wenig bewahrt** worden. Die Reste wurden in den Klöstern gepflegt, wo sich – gepaart mit praktischer Erfahrung – ein gewisser medizinischer Standard entwickelte. **Volkswissen**, etwa das von Hebammen, wurde dagegen oft **verteufelt**, da es teils mit heidnischen Ritualen verbunden war. Andererseits blieb den Hebammen die Frauenheilkunde, mit der sich die Mönche nicht befassten. Erst im 12. Jahrhundert kamen aus dem byzantinisch-islamischen Raum neue Impulse, vor allem durch den *Kanon der Medizin* des persischen Gelehrten Ibn Sina. Eine wichtige Rolle bei der Vermittlung spielte die **medizinische Schule von Salerno**. In der Folge etablierte sich das **Medizinstudium an den Universitäten**. Allerdings bremste die Religion medizinische Fortschritte enorm. **Krankheit** wurde mehr und mehr als **gerechte Strafe Gottes** für begangene Sünden angesehen. Außerdem stellte sich für viele die Frage, inwieweit es erlaubt sei, Gottes Plan z. B. durch chirurgische Eingriffe zu verändern. Auch der ganze Bereich der **Frauenheilkunde** wurde **dämonisiert**.

Darstellung einer Rückenmassage auf der Grundlage von Avicennas Schrift

AUSWIRKUNGEN

Die Fürsorge für die Leidenden war von Anfang an ein elementarer Bestandteil des Christentums, weshalb die Krankenpflege im Mittelalter eine große Rolle spielte und es nicht wenige Hospitäler gab. Doch das **medizinische Niveau** blieb **weit hinter dem der Antike** zurück und hob sich erst in der Neuzeit wieder deutlich.

JENSEITS DER SAHARA

Auch in Schwarzafrika gab es im frühen Mittelalter mächtige
Reiche. Sie waren durch Kontakte in den Norden geprägt.

WAS?	Afrikanische Großreiche
WELCHE?	Reich von Ghana in Mauretanien und Mali, Gao-Reich in Mali, Kanem-Bornu am Tschadsee, Reich Mali im heutigen Mali, Niger und Senegal, Reich Songhai
WANN?	5.–16. Jh.

Schon im 1. Jahrtausend v. Chr. gab es **Handelskontakte zwischen dem Mittelmeerraum und dem südlich der Sahara gelegenen Afrika**. Zum einen über Karawanen durch die Sahara, zum anderen über das Rote Meer. Dies führte zur Gründung größerer Reiche. Über diese wurden Sklaven, Gold und andere Luxusgüter wie Elfenbein aus dem südlicheren Afrika in die arabischen Gebiete transportiert; auch Salz aus der Sahara nach Süden. Die ersten **Reiche** waren **Ghana und Gao** in Mali und **Kanem-Bornu** am Tschadsee. Ghana wurde im 11. Jahrhundert durch die nordafrikanischen Almoraviden zerstört. An seiner Stelle entstand im 13. Jahrhundert das mächtige Reich Mali, das mit Djenné, Gao und vor allem Timbuktu prächtige, **sagenumwobene Städte** errichtete. Es wurde im 14. Jahrhundert durch seine einstigen Vasallen, die Songhai, übernommen. Im 16. Jahrhundert wurde es dann von Marokkanern erobert, zerbrach aber kurz danach. Das Reich Kanem-Bornu am Tschadsee dagegen hatte bis in die Kolonialzeit Bestand und wurde erst zu Beginn des 20. Jahrhunderts endgültig zerstört. All diese **Reiche** waren über ihre Handelskontakte spätestens im 11. Jahrhundert **islamisch** geworden.

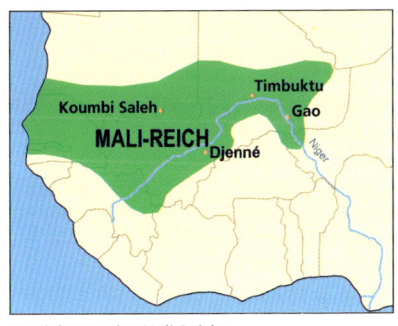

Ausdehnung des Mali-Reichs

AUSWIRKUNGEN

Während in der Antike **Rom als Handelspartner** der afrikanischen Reiche gedient hatte, war es im Mittelalter die islamische Welt. Einen Kontakt zwischen Schwarzafrika und Europa gab es damit praktisch nicht mehr.

MACHTKÄMPFE IN FERNOST

Die Europäer bekamen die starken Herrscher in China durch den Überfall asiatischer Reitervölker zu spüren.

WER?	Göktürkenreich (552–742), Khanat der Chasaren (7.–10. Jh.), Tang-Dynastie (610–907)
WANN?	6.–10. Jh.
WO?	China und zentralasiatische Steppengebiete

Aus den asiatischen Steppengebieten kamen immer wieder **Reitervölker nach Europa**. Diese Bewegungen wurden oft durch politische Veränderungen im Osten ausgelöst. So ermöglichte ein **schwaches China** Mitte des 6. Jahrhunderts die **Gründung des Göktürkenreiches**, das zeitweise vom Kaspischen Meer bis in die Mandschurei reichte. Danach kam in China die Tang-Dynastie an die Macht und eroberte 659 Teile des Reiches, was eine **Fluchtbewegung nach Westen** auslöste. Von diesen Flüchtlingen gründeten die Chasaren ein Khanat zwischen Schwarzem und Kaspischem Meer und verdrängten damit die Bulgaren Richtung Wolga und Donau. Trotz ihrer aggressiven Außenpolitik waren die Tang anfangs weltoffen. Sie verstärkten den Fernhandel, vor allem mit dem persischen Teil des Kalifats, und erlaubten das syrische Christentum und den Islam. **Innere Aufstände** führten ab 800 aber zu Separation, Nationalismus und einer Verfolgung der Buddhisten. In Japan begann im 8. Jahrhundert eine Abgrenzung von der kulturellen Vormacht Chinas. **Indien** war in **Teilreiche** zersplittert und musste sich etwa ab dem Jahr 1000 gegen Angriffe türkischer Muslime wehren.

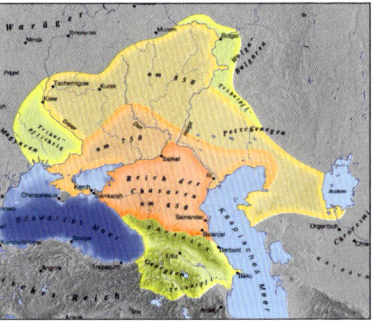

Reich der Chasaren

AUSWIRKUNGEN
Einen direkten Kontakt zwischen Ostasien und Europa gab es im frühen Mittelalter nicht. Die Geschichte der Völker dazwischen aber ist schwer zu erforschen, da sie in chinesischen, europäischen und asiatischen Quellen anders benannt wurden.

UMBRÜCHE IN AMERIKA

Auch die amerikanischen Hochkulturen in Mittelamerika und Peru erlebten im frühen Mittelalter einen starken Wandel.

WAS?	Machtwechsel und kultureller Umbruch
WANN?	Ca. 600
WO?	Zentralmexiko und Peru

In Mittelamerika begann im 6. Jahrhundert der **Niedergang von Teotihuacán**, einer riesigen Stadt mit großen Pyramidentempeln in der Nähe des heutigen Mexiko-City. Sie prägte bis dato die Kultur der ganzen Region. Warum sie verlassen wurde, weiß man nicht, ebenso wenig, ob die Auf-

Sonnenpyramide und Straße der Toten in Teotihuacán

gabe der Maya-Städte im mittelamerikanischen Tiefland ab dem Ende des 8. Jahrhunderts damit zusammenhing. Dafür gewannen nun **Maya-Städte** auf der Halbinsel Yucatán – möglicherweise durch Zuzug aus dem Tiefland – **an Bedeutung**. In Zentralmexiko wurden im 9. Jahrhundert die **Tolteken** die dominierende Macht. Ihre Kultur und Religion ähnelten sehr stark der Teotihuacáns, waren aber **kriegerischer**. Sie eroberten andere Städte und opferten die Gefangenen. In Südamerika war Peru das kulturelle Zentrum. Charakteristisch für die dortigen Kulturen waren ungeheuer **aufwendige Zeremonialplätze**. Ab etwa 600 unterwarfen die kriegerischen **Wari** die ganze Küstenregion und gründeten ein erstes Großreich. Nun entstanden zum ersten Mal Städte, die planmäßig angelegt wurden und eine Kanalisation besaßen. In Nordamerika baute nur eine einzige Indianerkultur befestigte Städte, die ab dem Jahr 900 im mittleren Mississippi-Tal ansässig war. Die größte Stadt war Cahokia (Illinois). Außerdem wurden große Erdpyramiden (Mounds) errichtet.

AUSWIRKUNGEN

In Mittelamerika ging zwar Teotihuacán, nicht aber seine **Kultur** unter. Diese **prägte** noch das **Reich der Azteken**. In Peru dagegen legten die **Wari** die Grundlage für das **Inkareich**.

37 REFORM VON CLUNY

Das Hochmittelalter begann mit einer religiösen Reform, welche die Gesellschaft grundlegend veränderte.

WER?	Abt Odilo (reg. 994–1049); Kaiser Heinrich III. (1017–56); Papst Clemens II., Suidger von Bamberg (1005–47); Papst Leo IX., Bruno von Egisheim-Dagsburg (1002–54)
WANN?	Ab dem frühen 11. Jh.
WO?	Ausgehend vom Kloster Cluny in Burgund

Die zahlreichen **kirchlichen Missstände** – verwahrloste Klöster, unwürdige Päpste, weltlich gewordene Bischöfe, dazu noch im tiefsten heidnischen Aberglauben verfangene Gläubige – führten zunehmend zu **Kritik an der Kirche**. Zum Wortführer wurde das **Kloster Cluny** in Burgund, eine Gründung der aquitanischen Herzöge. Zunächst ging es um eine **Wiederherstellung der klösterlichen Disziplin** und eine Vertiefung der persönlichen Frömmigkeit. Unter Abt Odilo begann man, die Wurzel des

Kloster Cluny

Problems, das **Papsttum**, in den Fokus zu nehmen. Zwei andere Schwerpunkte wurden die **Simonie**, der Kauf und Verkauf geistlicher Ämter, und die offiziell schon verbotene, aber noch weithin praktizierte **Priesterehe**. Einen Verbündeten fand man im frommen Kaiser Heinrich III., der mit einer Aquitanierin verheiratet war. **1046** berief er in Sutri/Latium eine **Reformsynode** ein, bei der u. a. alle drei zu dieser Zeit amtierenden Päpste abgesetzt wurden und durch den von Heinrich ausgewählten Bamberger **Bischof Suidger** ersetzt. Auch Suidgers Nachfolger wurden dann vom Kaiser bestimmt. Der bedeutendste war Leo IX., unter dem das cluniazensische Reformchristentum im Vatikan Fuß fassen konnte.

▪ AUSWIRKUNGEN
Die **Reform von Cluny** war Ausgangspunkt für **religiöse Umwälzungen**, die massive Auswirkungen auf Gesellschaft und Politik hatten und das Hochmittelalter prägten.

AGRARISCHE REVOLUTION UND IHRE FOLGEN

38

Agrartechnische Innovationen sorgten für eine Änderung der Lebensverhältnisse im Hochmittelalter.

WAS?	Dreifelderwirtschaft, Wendepflug, Egge, Stirnjoch für Ochsen, Kummet für Pferde u. a.
WANN?	11. Jh.
FOLGEN	Bessere Ernährung, Bevölkerungswachstum, Ausdehnung der Siedlungsfläche, Verstädterung, Geldwirtschaft

Im Frühmittelalter war Westeuropa von Wald überzogen. Fronhöfe mit angeschlossenen Bauernstellen bildeten oft recht einsame Inseln im Forst. Diese Höfe wirtschafteten meist ziemlich autark. **90 Prozent** aller Menschen waren **Bauern**. Im Laufe des **11. Jahrhunderts** setzte sich jedoch eine Vielzahl von **Innovationen in der Landwirtschaft** durch. Die **Dreifelderwirtschaft** erhöhte die Bodenfruchtbarkeit, mit **Wendepflug** und **Egge** ließ sich der Boden besser bearbeiten, neue

Zwei Rinderkummets

Arten der Anspannung erhöhten die Leistung der Zugtiere und steigerten das Arbeitstempo. Ein Mann konnte jetzt wesentlich mehr Nahrung erzeugen. Das führte zu einer enormen **Ausweitung der Siedlungsfläche**. Orte, deren Namen auf Roden, Schlagen, Schneiden oder Brennen verweisen, entstanden meist in dieser Zeit. Auch der Adel war vielfach nicht mehr am alten Fronhofsystem interessiert und löste viele Dienste und Abgaben durch einen festgelegten Geldzins ab. Vielfach profitierten auch die Bauern, etwa durch die Möglichkeit, auch auf eigene Rechnung zu wirtschaften. Anderswo nahm die Kluft zwischen Arm und Reich zu.

AUSWIRKUNGEN

Das **Hochmittelalter** entwickelte sich zu einer **Blütezeit**. Die **Bevölkerung verdreifachte sich** bis zum 14. Jahrhundert in fast ganz Europa, die Zahl der Städte stieg in Deutschland um das 400-fache. Der Handel wuchs entsprechend stark.

GREGOR VII.

Wer ist der Herr der Christenheit? Papst Gregor hatte keine Zweifel an seiner Machtposition.

WER?	Papst Gregor VII., eigentlich Hildebrand von Soana
WAS?	*Dictatus Papae*, Investiturstreit
WANN?	Ca. 1020–85, Papst ab 1073

Im Umfeld der Reformpäpste bildete, sich im Lauf der Zeit eine radikale Gruppe. Ihr Standpunkt war: Da die **Kirche** für das ewige Seelenheil der Menschen verantwortlich sei, gebühre ihr auch der **Vorrang vor aller weltlichen Gewalt**. Ein Priester namens **Hildebrand** gewann bereits unter Leo IX. beträchtlichen **Einfluss im Vatikan**. Nach dem Tod von Kaiser Heinrich III. war er eine Art Graue Eminenz hinter den Päpsten, die nun von den römischen Reformern selbst gewählt und von Heinrichs Witwe nur bestätigt wurden. Hildebrand fädelte ein **Bündnis mit den Normannen** in Sizilien ein und sorgte **1059** für ein **Dekret**, das die **Papstwahl** allein in die Hand der **Kardinalbischöfe** legte.

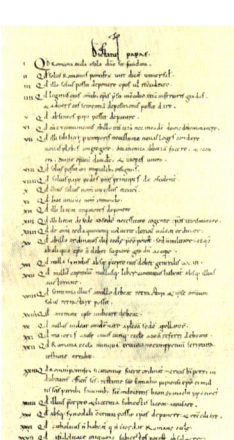

Dictatus Papae

Gregor VII. wurde 1073 selbst Papst und begann eine **neue Art von Kirchenpolitik**. Nach seiner Überzeugung gebührte die oberste Macht auf Erden allein dem Papst. Dies schrieb er 1075 im allerdings nicht veröffentlichten *Dictatus Papae* nieder. Dem Papst sei es erlaubt, den Kaiser abzusetzen. Sein Urteilsspruch dürfe von niemanden widerrufen werden. Er entscheide über alle wichtigen Streitfragen, dürfe nicht gerichtet werden und könne niemals irren. Gregor redete Heinrich IV. (1050–1106) nicht mehr als römischen, sondern als deutschen König an. Er erhob Serbien zum Königtum und versuchte andere Fürsten dazu zu bringen, ihr Land als päpstliches Lehen anzusehen, was ihm im Fall von Ungarn, Kroatien, Dalmatien und den sizilianischen Normannen auch gelang. **Unbotmäßige Bischöfe** wurden mit **Absetzung und Exkommunikation** bedroht. Er **bannte fünf enge Ratgeber** von König Heinrich IV., die in Mailand angeblich der Simonie Vorschub geleistet hatten. Außerdem

suspendierte er deutsche Bischöfe, die nicht nach Rom gekommen waren, um sich vor ihm zu verantworten. All das führte dazu, dass der König und ein Großteil der Reichsbischöfe **Gregor 1076 zur Abdankung aufforderten**. Gregor bannte daraufhin den König, erklärte ihn für abgesetzt und löste seine Untertanen von ihrem Treueid. Er sandte Wanderprediger aus, die das Volk wissen ließen, dass jeder, der dem König noch gehorche, sein ewiges Seelenheil in Gefahr bringe. Dies gab der Fürstenopposition in Deutschland Rückenwind. Durch die **Unterwerfung von Canossa** gelang es Heinrich, Gregor zur Rücknahme des Banns zu nötigen, doch die **Konfliktpunkte** waren damit **nicht gelöst**. 1080 erneuerte Gregor den Bann.

AUSWIRKUNGEN

Gregor definierte das Papsttum neu, das bis dato nicht als unfehlbar gegolten hatte. Die nachfolgenden Päpste übernahmen seine **universalen Ansprüche**. Verschieden starke **Konflikte mit den Kaisern** prägten das ganze Hochmittelalter. In diesem Rahmen wurden viele Päpste politisch sehr aktiv und suchten etwa ein Bündnis mit Frankreich. Die Mitspracherechte der Bischöfe schwanden. Daneben begann man, sich intensiv um das **Seelenheil der Laien**, also der nicht dem Klerus oder einem Orden Angehörigen, zu kümmern, was diese aber auch unter die rigide Knute kirchlicher Gebote brachte. Die Strafen für sexuelle Verfehlungen und den Irrglauben stiegen drastisch.

Gregor VII.

BRUCH DER KIRCHEN

Die griechische und lateinische Kirche waren sich schon lange fremd geworden. Im 11. Jahrhundert kam es zum schließlich Bruch.

WER?	Kardinal Humbert von Silva Candida (um 1006–61), Michael Kerularios, Patriarch von Konstantinopel (ca. 1000–59)
WAS?	Großes morgenländisches Schisma
WANN?	1054

D ie **Entfremdung** zwischen griechischer und lateinischer Kirche hatte bereits in der **Spätantike** begonnen, als im Westen immer weniger Kirchenlehrer Griechisch sprachen. Ab 380 wurde die **Messe** dort **in Latein** gelesen, was wiederum im Osten niemand verstand. Obwohl man sich noch bis ins 8. Jahrhundert zu Konzilien traf, war der **Austausch gering**. Jede Kirche verfasste und diskutierte ihre eigenen theologischen Schriften und entwickelte ihren eigenen Ritus. Dazu kam politisch die Allianz mit dem jeweiligen Kaiserreich. Im 11. Jahrhundert war die Kluft schon sehr tief und die **theologischen Streitigkeiten** zahlreich. Als danach die Normannen das bislang griechische Süditalien eroberten, kam die Frage auf, ob dort nun der griechische oder lateinische Ritus gelten sollte. Papst Leo IX. schickte **Humbert von Silva Candida** nach Konstantinopel, den führenden Radikalen neben dem späteren Gregor VII. Er und der **Patriarch von Konstantinopel** hatten einen derart **großen Konflikt**, dass sie **einander exkommunizierten**.

■ AUSWIRKUNGEN

Die **Vorgänge von 1054** waren eigentlich **kein offizielles Schisma** (Spaltung). Aber keine der beiden Seiten bemühte sich hinterher um Versöhnung, sodass es zur **bis heute** andauernden **Trennung** zwischen katholischem und orthodoxem Christentum kam. Zuvor hatte es bereits im 5. Jahrhundert ein Schisma zwischen den orientalischen Christen und der übrigen Kirche gegeben.

Gibt es nur einen richtigen Weg?

Normannen in Sizilien

In Süditalien versuchte Byzanz sich der Araber zu erwehren.
Dabei machte es den Fehler, Normannen anzuwerben.

WER?	Robert Guiskard († 1085), Roger I. von Sizilien (1031–1101)
WANN?	Ab 1035
WO?	Apulien, Kalabrien, Sizilien

Die byzantinischen Gebiete in Süditalien waren seit dem 8. Jahrhundert immer wieder **Raubzügen der Araber** ausgesetzt. Im 9. Jahrhundert rief ein beleidigter byzantinischer Stadthalter von Sizilien den **Emir von Tunis zu Hilfe**. In der Folge eroberten die Araber Sizilien und begannen einen langwierigen **Kampf um Unteritalien**. Gelegentlich, aber ohne große Folgen, griffen auch die römisch-deutschen Kaiser ein. Zu Beginn des 11. Jahrhunderts warb Byzanz **Söldner aus der Normandie** an, unter ihnen acht Söhne eines Adligen namens **Tankred de Hauteville** († 1041). Jeder Anführer behielt das **eroberte Land als Lehen**, Streitigkeiten regelten die Normannen untereinander. Besonders erfolgreich war der sechste

Hauteville, **Robert Guiskard**. Er eroberte Apulien und Kalabrien und ließ sie sich 1059 vom Papst als Lehen zusichern. Dafür sagte er den Päpsten militärischen Beistand zu. Danach machte er sich mit seinem jüngsten Bruder Roger an die Eroberung Siziliens, die sich bis 1091 hinzog.

Krönung Robert Guiskards

AUSWIRKUNGEN

Während Robert Guiskard und auch seine Nachkommen Abenteurer blieben und im Dauerkonflikt mit Byzanz lagen, machte Roger I. aus **Sizilien** ein stabiles, **multikulturelles Reich**, in dem sowohl Griechen wie Araber (Sarazenen) weiterhin eine große Rolle spielten und alle Religionen zugelassen waren. Im **12. Jahrhundert** wurde Sizilien **Königreich** und erbte die anderen Hauteville-Besitzungen, sodass es schließlich ganz Süditalien umfasste.

42 WILHELM DER EROBERER

1066 stellte für die englische Geschichte einen gewaltigen Umbruch dar.

WER?	Wilhelm II., Herzog der Normandie, als Wilhelm I. König von England, auch Wilhelm der Bastard genannt
WAS?	Sieg bei Hastings, Eroberung Englands
WANN?	Ca. 1027–1987, englischer König ab 1066

Am 5. Januar 1066 starb der englische König **Eduard der Bekenner kinderlos**. Der **Adelsrat** (Witan) wählte daraufhin dessen Schwager **Harold Godwinson** (1022–66), den Earl of Wessex, zum **König**. Doch der normannische **Herzog Wilhelm**, ein entfernter Neffe Eduards, behauptete, sein Onkel habe ihm den Thron versprochen. Harold rüstete zum Kampf, aber Wilhelm verbrachte den Sommer damit, Schiffe zu bauen, Söldner

Harold Godwinson ist König Harald II.

zur Verstärkung seines Heeres anzuwerben und sich Rückendeckung vom Papst und von wichtigen europäischen Fürsten einzuholen. Im September, als sich Harolds Bauernheer bereits aufzulösen begann, landete mit dem norwegischen **König Harald Hardraada** (1015–66) ein weiterer **Thronrivale** in York. Harold eilte nach Norden und schlug Harald am 25. September. Zwei Tage später nutzte Herzog Wilhelm günstige Winde und setzte zur Überfahrt an. Einen Tag später landete er in England, verschanzte sich bei Hastings und **besiegte** das erschöpfte **Heer Harolds** am 11. Oktober. Danach eroberte er den Süden und ließ sich Weihnachten in der *Westminster Abbey* krönen.

AUSWIRKUNGEN

Wilhelm der Eroberer organisierte das Land völlig neu. Er schuf ein **straffes Lehenssystem**, an dessen Spitze normannische Barone standen, und zusätzlich einen **königlichen Beamtenapparat**, der den Adel kontrollierte. Auch die Kirche organisierte er nach eigenem Gutdünken, schaffte es dabei aber, einen Konflikt mit Papst Gregor VII. zu vermeiden.

MINISTERIALE

Der Beginn des Hochmittelalters bot auch Unfreien plötzlich soziale Aufstiegschancen.

NAME	Lat. ministerialis = Diener
WANN?	Ab dem 7. Jh., Durchbruch im 11. Jh.
WO?	Vor allem im Kaiserreich

Unfreie besaßen im Mittelalter nicht alle den gleichen Status. Die große Masse waren **Bauern**. Ihr Herr durfte sie nur gemeinsam mit dem Land verkaufen und ihre Verpflichtungen nicht zum Schlechten ändern. Innerhalb ihres Zauns waren sie ihr eigener Herr. Die Dienerschaft auf den Fronhöfen bestand anfangs oft aus Sklaven. Doch da die **Versklavung von Christen verboten** war, starb die Sklaverei mit zunehmender Christianisierung aus. Die **unfreie Dienerschaft** (servientes) durfte nun nicht verkauft, zwangsverheiratet oder gegen geltendes Recht behandelt werden. Die Diener waren ihrem Herrn aber

Unfreier Bauer

sehr viel ausgelieferter als die Bauern, da sie auf seinem Anwesen lebten und zu jeder Arbeit herangezogen werden konnten. Mit fortschreitender Entwicklung wurden aber auch immer mehr Menschen für verantwortungsvolle Aufgaben benötigt. **Ministerialen** bekamen **Güter zur Verwaltung** übertragen und durften (im Auftrag ihres Herrn) auch Waffen tragen. Heinrich IV. vertraute die Königsgüter und Burgen zunehmend Reichsministerialen an, anstatt sie als Lehen an den Adel auszugeben.

▒ AUSWIRKUNGEN

Im frühen Hochmittelalter nahm die Zahl der Unfreien, denen Burgen und Güter übertragen wurden und die **Kriegsdienst** leisteten, gewaltig zu. Im 12. Jahrhundert begannen, die Grenzen zum niederen Adel zu verschwimmen und im 13. Jahrhundert hatte sich ein **Ritterstand** gebildet, der sich als **frei und adlig** verstand und keine Aufsteiger mehr aufnahm, aber schätzungsweise zu 80 Prozent einen **unfreien Hintergrund** besaß.

44 ROMANIK

Überall Kirchen und Klöster: Im Hochmittelalter entstanden zahlreiche innovative Bauwerke.

WAS?	Erster europaweiter Baustil
WANN?	10.–13. Jh.
BEISPIELE	*St. Michael* in Hildesheim, *Kaiserpfalz* in Goslar, *Essener Stift* (Frühromanik), *Speyerer Dom* und *Dom von Mainz*, Kloster *Maria Laach* (Hochromanik), *Dom von Bamberg* und *Dom von Naumburg*, *Kaiserpfalz von Wimpfen* und *Kaiserpfalz von Gelnhausen* (Spätromanik)

Mit der Stabilisierung der karolingischen Nachfolgestaaten unter Ottonen und Kapetingern setzte auch ein **Bauboom** ein, der Europa Zehntausende von Kirchen, Klöstern, Königspfalzen und erste Burgen bescherte. Zum ersten Mal setzte sich in ganz **Europa** ein **einheitlicher Baustil** durch, für den wie für die römische Antike – daher der Name Romanik – **Rundbögen und Gewölbe** typisch waren. Vom 10. Jahrhundert bis in die zweite Hälfte des 11. Jahrhunderts, dem Beginn der Hochromanik,

wurden dabei **gewaltige technische Fortschritte** erzielt. Diese erlaubten es schließlich, nicht nur so große Kathedralen wie den *Dom zu Speyer* zu bauen, sondern sie auch mit Gewölbedecken zu krönen. Im Lauf der Hoch- und Spätromanik wurde der **Bauschmuck** noch verfeinert, bis hin zu Kunstwerken wie dem Lettner und den Stifterfiguren im *Naumburger Dom*. Insgesamt verloren die Kirchen in der Romanik ihren festungsartigen Charakter und wurden zu **Repräsentativbauten**.

Ostseite des Doms zu Speyer

▨ AUSWIRKUNGEN

Große Bauprojekte waren im Frühmittelalter selten, ab dem 11. Jahrhundert wurden sie zur Regel, was zu großen technischen Fortschritten führte. Trotzdem waren sie immer Wagnisse und die Bauherren stellten damit nicht nur ihre **Macht** und ihren **Reichtum** unter Beweis, sondern auch ihr **Glück**, was für einen Herrscher zu den wesentlichen Tugenden gezählt wurde.

BUCHMALEREI

Prachtbibeln, reich verzierte Psalter und Stundenbücher zählen zu den schönsten Kunstwerken des Mittelalters.

WER?	Anonyme Mönche, ab etwa 1200 auch weltliche Künstler
WANN?	Im Westen etwa ab 600
WO?	*Book of Kells* (ca. 800, wohl Iona), *Evangeliar Ottos III.* (ca. 1000, Reichenau), *Evangeliar Heinrichs des Löwen* (ca. 1175, Helmarshausen), *Codex Manesse* (ca. 1300, Zürich), *Stundenbuch des Herzogs von Berry* (ca. 1410, Nijmwegen)

Der Stil der byzantinischen Buchmalerei entwickelte sich aus dem der römischen Antike. Er beeinflusste später sowohl die westliche als auch die islamische Buchmalerei. Diese war anfangs figürlich, es setzte sich aber mehr und mehr das **Bilderverbot** durch, sodass es zur Entwicklung eines eigenen, abstrakten Stils kam. Im Westen stammen die ersten bedeutenden Werke aus englischen und irischen Klöstern des 7. Jahrhunderts. Dabei wurden Elemente der **germanischen und keltischen Kunst** integriert, etwa Knotenbänder oder verflochtene Tierkörper. Durch die Missionare fasste die **Buchmalerei** schnell auch in den Merowinger-Klöstern Fuß. Im

Walther von der Vogelweide im Codex Manesse

frühen Mittelalter gaben vor allem Herrscher **Prachtevangeliare** in Auftrag, die sie neu gegründeten Stiften oder Domkirchen schenkten. Etwa um 1200 begann die Buchmalerei, sich zu einem Handwerk zu entwickeln. Illustriert wurden neben Bibelausgaben vor allem Stundenbücher, Chroniken und Liederbücher, seltener auch Heldenepen.

▦ AUSWIRKUNGEN

Die mittelalterliche Malerei wird vor allem durch die Buchmalerei repräsentiert, da von den Wandfresken relativ wenig erhalten ist und es zumindest im Westen erst ab dem 13. Jahrhundert eine Tafelmalerei gab. Die östliche Ikonenmalerei dagegen hat ihre Wurzeln schon im Frühmittelalter.

46 SELDSCHUKEN

Im 11. Jahrhundert übernahmen die Türken die Vorherrschaft in der islamischen Welt. Nach Anatolien gelangten sie eher zufällig.

WAS?	Turkstamm, Teil der Oghusen
WANN?	Um 1000–1307
WO?	Ursprünglich Transoxanien, später Anatolien bis Afghanistan

Zu den Völkern, die das Göktürkenreich gebildet hatten, gehörten auch die **Oghusen**, die westlich des Kaspischen Meeres ansässig waren. Ende des 10. Jahrhunderts trat ein Teil von ihnen unter Führung des Fürsten Seldschuk zum Islam über und begann südwärts zu wandern. Bis 1055 eroberten die Seldschuken das ehemalige Perserreich und den heutigen Irak und wurden von den politisch längst entmachteten Kalifen von Bagdad als neue Schutzherren anerkannt. 1059 wurde Seldschuks Urenkel **Alp Arslan** (1030–72) neuer **Sultan**.

Eigentlich war ihm vor allem daran gelegen, auch noch die schiitischen Fatimiden zu besiegen, die im Nahen Osten und in Ägypten herrschten. Raubzüge in die byzantinischen Grenzregionen waren eher Nebensache. **Kaiser Romanos IV.** († 1072) stellte sich dem entgegen, wurde aber **bei Manzikert geschlagen**. Alp Arslan schloss mit dem Kaiser zwar einen Friedensvertrag und ließ ihn gegen eine Lösegeldzahlung frei. In Konstantinopel jedoch hatte unterdessen die **Adelssippe Dukas** die Macht übernommen und brachte Romanos um. Während der folgenden **Bürgerkriege** fiel Alp Arslans Sohn in Anatolien ein. 1077 nahm er den Fatimiden den Nahen Osten ab.

Büste eines Seldschuken-herrschers aus dem 12. oder 13. Jahrhundert

AUSWIRKUNGEN

Manzikert leitete die Übernahme Anatoliens durch die Türken und letztendlich das Ende Konstantinopels ein. Mit einiger Sicherheit war es aber erst der byzantinische Bürgerkrieg, der die Seldschuken dazu brachte, sich auf Anatolien statt auf das Fatimidenreich zu stürzen.

ERSTER KREUZZUG

Papst Urban II. forderte den christlichen Kriegszug zur Eroberung Palästinas. Dieser endete mit der Einnahme von Jerusalem.

WER?	Wohl gut 50.000 Menschen, darunter etwa 7000 Adlige, vor allem aus Frankreich, Lothringen, Flandern und Süditalien, wenige Deutsche, da das Kaiserreich Papst Urban nicht anerkannte
WAS?	Eroberung des Heiligen Landes und Errichtung der Kreuzfahrerstaaten Jerusalem, Antiochia, Edessa und Tripolis
WANN?	1096–99

Alexios I. Komnenos (1048–1118) hatte 1081 in Konstantinopel den Thron bestiegen und den **Kampf gegen die Seldschuken** aufgenommen. Da er nur über ein schwaches Söldnerheer verfügte, wandte er sich mit der Bitte um Hilfe und übertriebenen Gräuelberichten über die Behandlung der Christen im Heiligen Land an Papst Urban II. (reg. 1088–99). Dieser rief in einem flammenden Appell zur Befreiung Jerusalems auf und löste eine **Kreuzzugseuphorie** aus. Urban ver-

Eroberung Jerusalems

sprach einen vollständigen Ablass aller Sünden, dazu lockte viele wohl die Aussicht auf leichte Beute. Alexios hatte auf Söldner für sein Heer gehofft. Stattdessen wurde er von fanatisierten Horden überrollt, die auf eigene Faust handelten. Sie eroberten tatsächlich das Heilige Land, begingen bei der Eroberung aber selbst für die damalige Zeit Aufsehen erregende **Grausamkeiten**, auch an Juden und orientalischen Christen.

■ AUSWIRKUNGEN

Der Erste Kreuzzug war der Auftakt zu einer **Kreuzzugsbewegung**, die sich später auch gegen andere Glaubensfeinde richtete. Folge der Kreuzzüge waren u.a. die weitgehende Vernichtung des orientalischen Christentums, ein neues Ritterideal, die Übernahme kultureller Errungenschaften aus dem Nahen Osten und ein extrem schlechtes Ansehen in der islamischen Welt.

48 ARMENHEER UND POGROME

Dem eigentlichen Kreuzzug ging ein Armenkreuzzug voraus, der ebenfalls von Fanatismus und Grausamkeit geprägt war.

WER?	Peter der Einsiedler (um 1050–1115), Walter Sans-Avoir († 1096), Emicho von Leinigen (um 1050 bis nach 1096)
WANN?	April–Oktober 1096
WO?	Frankreich, Rheinland, Donauraum

Der **Kreuzzugappell des Papstes** sprach nicht nur Adlige an, sondern gerade auch die Unterschicht, die nichts zu verlieren hatte. Noch vor dem Adel zogen **Zehntausende von Armen**, geführt von Wanderpredigern, mit ihren ganzen Familien los. Verpflegung und Obdach wurden einfach eingefordert, notfalls auch mit Gewalt – und dem Verweis auf die „gerechte

Der Volkskreuzzug war ein Vorläufer des Ersten Kreuzzuges.

Sache". Dabei kam es auch zu **Übergriffen** auf die jüdischen Gemeinden. Kaiser Heinrich IV. hatte angewiesen, die Juden zu schützen. Trotzdem konnte eine Gruppe um **Emicho von Leinigen** in zahlreichen Städten des Rheinlandes **Pogrome** begehen, vor allem in Worms, Speyer und Mainz, wo allein 1000 Menschen abgeschlachtet wurden. Auch der weitere Weg des Armenheeres durch Ungarn und das byzantinische Reich war von immer mehr **Gewalt gegen die Einheimischen** geprägt. Belgrad etwa wurde geplündert und niedergebrannt. Am Ende wurden fast alle Teilnehmer in Anatolien von den Türken getötet oder in die Sklaverei verkauft.

AUSWIRKUNGEN

Die **Pogrome im Rheinland** waren die ersten auf deutschem Boden und markieren den **Anfang des Antisemitismus**. Auch in Byzanz wurden Fanatismus und Grausamkeit der „Lateiner" mit Entsetzen registriert, wobei für die Gräuel sicher nur Teile des Armenheeres verantwortlich waren. Obwohl der **Armenkreuzzug scheiterte**, trug er dazu bei, eine neue Dimension von religiösem Fanatismus gesellschaftsfähig zu machen.

KREUZFAHRERSTAATEN

Kolonialgeschichte im Mittelalter? In den Kreuzfahrerstaaten bildete sich eine ganz eigene Gesellschaft.

WER?	Gottfried von Bouillon (1061–1100), Balduin von Boulogne (1058–1118), Raimund IV. von Toulouse (um 1041–1105), Bohemund von Tarent (um 1051–1111)
WANN?	1098–1302
WO?	Naher Osten

Kaum hatten die Kreuzfahrer 1097 den Nahen Osten erreicht, taten sich gewaltige Gräben auf. Während die Mehrzahl der Menschen möglichst schnell nach Jerusalem wollte, um ihr Gelübde zu erfüllen, ging es einigen Anführern nur noch darum, sich einen künftigen Machtbereich zu sichern, was wiederum zu **schweren Konflikten** untereinander führte. Vor allem **Balduin von Boulogne** und **Bohemund von Tarent**, ein Sohn Robert Guiskards, erwiesen sich als extrem skrupellos. Am Ende hatten sich Balduin Edessa, Bohemund Antiochia und Raimund von Toulouse Tripolis gesichert, während Balduins frommer Bruder Gottfried König von Jerusalem wurde, aber schon bald von seinem

Kreuzfahrerstaaten 1135

Bruder beerbt wurde. Die „Franken" bildeten jedoch nur eine kleine Oberschicht in diesen neuen Staaten, die zusammen „Outremer" (Jenseits des Meeres) genannt wurden. Sie mussten sich bis zu einem gewissen Grad mit den Einheimischen arrangieren, wobei griechische und orientalische Christen teils so schlecht behandelt wurden, dass sie sich die muslimische Herrschaft zurückwünschten.

AUSWIRKUNGEN

Durch die **Kreuzfahrerstaaten** entstand für einige Zeit ein **blühender Handel mit dem Orient**, der dem Hochmittelalter weitere Dynamik verlieh. Außerdem zog Outremer mit seiner Chance, leicht reich und mächtig zu werden, **zahlreiche Abenteurer aus Europa** an, die durch Gier und Dummheit kräftig zum Niedergang beitrugen.

50 LUDWIG DER DICKE

Zwei Jugendfreunde führten das französische Königtum aus der Krise.

WER?	Ludwig VI. von Frankreich (1081–1137); Suger (1081–1151), Abt von Saint-Denis
WAS?	Konsolidierung der Macht auf der Île-de-France, Reform des Staatswesens, Aufbau eines Hofadels, Nationalkult um Königtum und Saint Denis
WO?	Frankreich, vornehmlich Île-de-France

Das französische Königtum präsentierte sich zu Beginn des Hochmittelalters nicht gerade eindrucksvoll. Der Machtbereich der Könige reichte kaum über Paris hinaus. Außerdem war Philipp I. (1052–1108) Bigamist und wurde deshalb vom Papst exkommuniziert. Sein Sohn **Ludwig VI.** verbündete sich zunächst mit dem Adel gegen seine Stiefmutter und

Suger, Abt von Saint-Denis

unterwarf in sechsjährigen Kämpfen den Adel auf der **Île-de-France**, die sich daraufhin sehr schnell zu einem **wirtschaftlichen** und in der Folge auch **kulturellen Zentrum des Landes** entwickelte. Gegenüber den französischen Fürsten, die fast alle mit internen Problemen zu kämpfen hatten, stärkte Ludwig durch geschicktes Taktieren allmählich seine Position. Zusammen mit seinem Jugendfreund **Suger von Saint-Denis** begann er, das Staatswesen zu ordnen und als Gegengewicht zu den Fürsten einen vollständig vom König abhängigen **Hofadel** zu errichten. Außerdem schuf Suger einen **national-religiösen Kult** um das Königtum und den heiligen Dionysos, der es 1119 im Konflikt mit Kaiser Heinrich V. (1081–1125) tatsächlich vermochte, den gesamten französischen Adel hinter Ludwig zu bringen.

▬ AUSWIRKUNGEN

Ludwig der Dicke und Abt Suger legten sowohl politisch als auch verwaltungstechnisch und wirtschaftlich, zudem ideologisch den Grundstein für einen steilen Aufstieg des französischen Königtums.

GOTTESFRIEDENSBEWEGUNG

Ständige Fehden waren eine Geißel des frühen Mittelalters. Die Kirche suchte nach Abhilfe.

WAS?	Fehdeverbot, das bestimmte Personengruppen, Orte und Zeiten betraf
WANN?	Ab dem 10. Jh.
WO?	Erst Frankreich, dann auch Kaiserreich

Das **mittelalterliche Fehderecht** erlaubte es jedem waffenfähigen Mann, der sich in seinem Recht verletzt sah, mit Gewalt gegen seinen Gegner vorzugehen. Allerdings musste er die Fehde ankündigen, durfte keine Unschuldigen töten und musste gewisse Plätze, z. B. Kirchen, schonen. In der Praxis führte das vor allem unter dem niederen und mittleren Adel zu **ständigen Kleinkriegen**, bei denen die Schonung der Unschuldigen in der Regel nicht beachtet wurde. Im Frankreich des 10. Jahrhunderts, wo es kaum eine Zentralgewalt gab, die dem Fehdeunwesen Einhalt gebieten konnte, begann deshalb die Kirche, Personen, Plätze und auch Zeiten unter **Gottesfrieden** zu stellen. Wer dagegen verstieß, dem wurde mit **Exkommunikation**

Herrschaftsübergabe Heinrichs IV. an seinen Sohn Heinrich V.

gedroht. So sollten alle Unbewaffneten und öffentlichen Plätze geschützt werden. Auch an Feiertagen waren Fehden verboten, später sogar jede Woche von Mittwochabend bis Montagmorgen. In Deutschland griff **Kaiser Heinrich IV.** diese Idee auf und rief 1103 erstmals einen **vierjährigen Landfrieden** aus, der alle Fehden verbot. **1495** beschloss der Reichstag den **Ewigen Landfrieden**.

AUSWIRKUNGEN

Gottes- und Landfrieden konnten die zahlreichen Fehden nur unzureichend eindämmen. Allmählich fand jedoch ein **Bewusstseinswandel** statt, der die private Gewaltausübung in den Bereich des Kriminellen rückte und Streitigkeiten ins Gericht verwies, zumal die Herrscher sich bemühten, ein **Gewaltmonopol** zu erlangen.

52 RITTERTUM

Das Rittertum, das so eng mit dem Mittelalter verbunden ist, entstand eigentlich erst im Hochmittelalter.

WAS?	Herausbildung des Ritterstandes
WANN?	12. Jh.
WO?	Zunächst vor allem Frankreich

Gepanzerte Soldaten zu Pferd hatte es auch schon im frühen Mittelalter gegeben. Einen besonderen Stand mit eigenen Regeln und einem Ehrenkodex bildeten die Panzerreiter aber noch nicht. Die Kreuzzüge brachten jedoch – trotz ihrer exorbitanten Grausamkeit – ein **neues Ideal**

Ritter Hartmann von Aue im Codex Manesse

hervor: den Kämpfer Gottes, der sich nicht für weltliche, sondern für **ideologische Ziele** einsetzt und die **Schwachen schützt**. Weitere Impulse waren die Gottesfriedensbewegung und der französische Saint-Denis-Kult. So begann die **Formierung des Ritterstandes** auch in Frankreich. Es kam zu einer **geregelten Ausbildung**: sieben Jahre als Page, sieben Jahre als Knappe, Initiationsritus bzw. Ritterschlag. Zudem bildete sich ein **Ehrenkodex** für „ritterliches" Benehmen heraus. Die Herrscher begannen, sich **Wappen** zuzulegen und sie nach ihren Burgen zu benennen. Ritter zu sein war allerdings **teuer**, weswegen vermutlich ein Großteil jener, die die Ritterausbildung durchliefen, ihr Lebtag lang Edelknecht blieb. Wer Glück hatte, wurde wegen besonderer Tapferkeit doch zum Ritter geschlagen. Ab etwa 1200 durften schließlich nur noch diejenigen Ritter werden, deren Eltern schon dem Ritterstand angehörten.

AUSWIRKUNGEN

Bei aller Ritterromantik darf nicht übersehen werden, dass das Ritterideal in erster Linie dazu diente, ein Problem zu lösen, nämlich die Berufskrieger außerhalb der Kriegszeiten zu zähmen. Das Ritterideal prägte das weitere Mittelalter kulturell. In die Zukunft weisende Impulse gingen von ihm aber kaum aus.

RITTERBURGEN

Was ist ein Ritter ohne Burg? Im Hochmittelalter war das tatsächlich undenkbar.

WANN?	Ab dem 11. Jh.
WIE VIELE?	Schätzungsweise 20.000 allein im deutschen Teil des Kaiserreiches
BEISPIELE	Wartburg, Nürnberger Burg, Burg Drachenfels, Burg Trifels, Burg Eltz

Im Frühmittelalter dienten Befestigungsanlagen vor allem der Grenzsicherung, waren aber keine Wohnstätten, sondern **Festungen**. Außerdem bedurfte der Burgenbau meist der Genehmigung des Königs. Im 11. Jahrhundert nahm der Bau sogenannter **Motten** aber sprunghaft zu. Dabei handelte es sich um **Wohntürme**, deren unterer Teil in einen von Befestigungsanlagen umgebenen Erdhügel eingebaut war. Die meisten

Burg Eltz

dieser Motten wurden von Ministerialen errichtet, die im Auftrag ihrer Herren eine direktere Kontrolle auf die umliegenden Ländereien ausüben sollten. Ein frühes **Beispiel** einer strategisch positionierten, komplexeren Burg mit Steinmauern, Toranlage, Bergfried, Wohnpalas und Kirche war die von Heinrich IV. erbaute **Harzburg** (1068), von der aus er seine Herrschaft über den südlichen Harz stärken wollte. Den eigentlichen Impuls für den hochmittelalterlichen Burgenbau lieferten allerdings die Kreuzzüge, bei denen die Kreuzritter die viel aufwendigeren und komplexeren byzantinischen Verteidigungsanlagen kennenlernten. Eine möglichst **stolze Wohnburg** zu haben, hob im Mittelalter auch das **Prestige**. Im 14. Jahrhundert nahm der Burgenbau aber wieder ab, da er zu teuer wurde und die militärischen Taktiken sich geändert hatten.

▪ AUSWIRKUNGEN

Burgen spielten nur für eine relativ kurze Zeit eine militärische Rolle. Viele wurden aber in der Neuzeit aus Prestigegründen weiter, vor allem auch prächtiger, ausgebaut.

54 RITTER IM KAMPF

Die Ritter waren fast das ganze Mittelalter über die kämpfende Elite. Aber ihre Kampfweise veränderte sich.

WAS?	Schlachtross, Panzer, Schild, Schwert, Lanze
WANN?	7.–14. Jh.
TURNIERE	Ab dem 12. Jh.

Anfangs bestand die **Panzerung der Ritter** in der Regel aus einem mit Schuppen besetzten **Lederwams**, **Beinschienen** und einem **Helm mit Nasenschutz**. Nur die ganz reichen Ritter konnten sich Kettenhemden leisten. Darunter wurde noch ein dick wattiertes Wams (Gambeson) getragen. Dieses schützte so gut, dass der hohe Adel in der Schlacht weniger in Gefahr geriet, zu sterben, als gefangen genommen zu werden und Lösegeld zahlen zu müssen. Im hohen Mittelalter setzten sich Kettenhemden und dazu geschlossene Topfhelme mehr und mehr durch. Die **klassische Ritterrüstung** kam im Spätmittelalter auf, weil sie billiger als Kettenhemden war und besser gegen Armbrüste schützte. Bewaffnet waren Ritter mit **Schwert und Lanze**, wobei die Lanze anfangs geschleudert, ab dem späten 11. Jahrhundert aber unter den Arm geklemmt und als Stichwaffe benutzt wurde. **Turniere** kamen im 12. Jahrhundert auf, auch wenn es schon zuvor vereinzelte militärische Übungen mit turnierähnlichem Charakter gegeben hatte. Anfangs waren es meist Massengefechte mit stumpfen Waffen (Buhurt). Daneben wurde besonders der **Tjost** populär, bei dem zwei Reiter versuchten, einander aus dem Sattel zu stechen.

Ritter im Turnier

AUSWIRKUNGEN

Panzerreiter stellten bis zur Mitte des 14. Jahrhunderts tatsächlich die militärische Elite dar. Dann gerieten sie gegenüber gut organisierten Fußgruppen mit sehr leistungsfähigen Langbögen und Armbrüsten ins Hintertreffen. Turniere allerdings blieben bis ins 16. Jahrhundert in Mode.

KRIEGSFÜHRUNG

Die mittelalterliche Dichtung feierte den ritterlichen Kampf. In der Realität dagegen war Krieg meist ein brutales Gemetzel.

WER?	Ritterheere
WAS?	Politik der verbrannten Erde, Schlachten, Belagerungen
WO?	Vorwiegend Westeuropa

Ideologisch spielte der **ritterliche Zweikampf** eine überragende Rolle, tatsächlich aber wurden Kriege nur selten durch Ritterheere entschieden. Die **wichtigste Kriegstaktik** war das **Verwüsten** des gegnerischen Landes. Schlachten brachten oft keine wirkliche Entscheidung, wenn nicht eine Seite völlig bezwungen wurde. Um Kontrolle über einen Landstrich zu bekommen, war es meist wichtiger, Burgen oder Städte einzunehmen. Bedeutsame **Belagerungsgeräte** waren Sturmleitern, Belagerungstürme, Rammböcke und etwa ab 1200 auch Wurfmaschinen (Bliden). Belagerungen waren aufwendig,

Modell eines Trebuchets

die Soldaten durften nach der Einnahme aber meist recht ungehindert plündern, morden und vergewaltigen. Im Westen gehörte der **bewaffnete Kampf zum ritterlichen Selbstverständnis** und Kriege nach außen wurden teilweise sogar begrüßt, um die Ritterschaft von ihren ständigen Fehden abzuhalten. In Byzanz dagegen wurde Krieg als notwendiges Übel gesehen, mit dem der Adel nichts zu tun haben wollte. Gekämpft wurde überwiegend mit Söldnern, die keine andere Wahl hatten.

AUSWIRKUNGEN

Kriege zwischen größeren Mächten waren bis ins Spätmittelalter hinein aber eher die Ausnahme, da sie zu kostspielig waren. Doch die vielen Fehden und Bürgerkriege waren nicht weniger verheerend. Während es keinen Ehrenkodex im Kampf gegen Andersgläubige gab, waren gegenüber Christen theoretisch Fairness und Verschonung Unbewaffneter gefordert, was in der Praxis selten genug befolgt wurde.

56 RECHTSFINDUNG UND RECHTSPRECHUNG

Wie stellt man Gerechtigkeit her? Im Hochmittelalter änderten sich die Ansichten über diese Frage stark.

WAS?	Einführung von Inquisitionsverfahren, Folter, „peinlichen" Strafen und Schandstrafen
WANN?	Ab Mitte des 12. Jh.
WO?	Vor allem Kaiserreich

Auch im Frühmittelalter wurden nicht alle Streitigkeiten durch Fehden, sondern auch vor dem Gericht ausgetragen. Die **Blutgerichtsbarkeit**, die auch Todes- oder schwere Leibesstrafen verhängen konnte, lag **beim König**, konnte von diesem aber an Städte, Bischöfe oder Fürsten verliehen werden. Die **niedere Gerichtsbarkeit** hatte meist der Grundherr inne. Das bedeutete in der Praxis, dass all jene, denen von ihrem Herrn Unrecht getan wurde, praktisch keine Aussicht auf Gerechtigkeit hatten. Denn die Chancen, an übergeordneter Stelle zu klagen, waren gering. Im Lauf der Zeit wurde es aber üblich, dass Schöffen an der Urteilsfindung mitwirkten. Grundsätzlich wurden Gerichte nicht von sich aus tätig, sondern nur, wenn jemand mit einer Klage zu ihnen kam. Wer nicht rechtsfähig war

Die Feuerprobe *von Dierick Bouts dem Älteren*

(Unfreie, Frauen, Minderjährige) brauchte einen Rechtsbeistand. Urteile wurden nach altem, noch nicht aufgezeichnetem **Gewohnheitsrecht** gesprochen. Zur **Wahrheitsfindung** trugen vor allem **Eide** bei. Je nach Schwere des Deliktes wurden mehrere Eideshelfer gebraucht, die mit dem Beschuldigten schworen. Führten Eide zu keinem Ergebnis, setzte man auf **Gottesurteile**. Diese konnten verschieden hart sein. Bei der **Feuerprobe** musste man z. B. einen glühenden Gegenstand anfassen und galt als schuldig, wenn die Wunden schlecht heilten. Bei der **Abendmahlsprobe** musste man nur eine Hostie zu sich nehmen, ohne dass Gott einen daran ersticken ließ. Bei waffenfähigen Männern war oft der Zweikampf üblich.

Im 12. Jahrhundert begann, das Vertrauen in diese Art der Rechtsprechung zu schwinden, 1215 wurde sie vom Papst verboten. Stattdessen begann man **Inquisitionsverfahren** durchzuführen, bei denen man u. a. den Angeklagten und eventuelle Zeugen intensiv befragte. Da die Verfahren auf diese Weise aber oft ins Stocken gerieten, wurde spätestens im frühen 14. Jahrhundert die „peinliche Befragung", sprich **Folter**, eingeführt. Anfangs gab es strenge Regeln, unter welchen Umständen, an wem und wie intensiv sie angewandt werden durfte. Ein unter Folter gemachtes Geständnis galt auch nur, wenn es am folgenden Tag bestätigt wurde. Die Zahl der Delikte, die mit dem Tod bestraft wurden, nahm zu

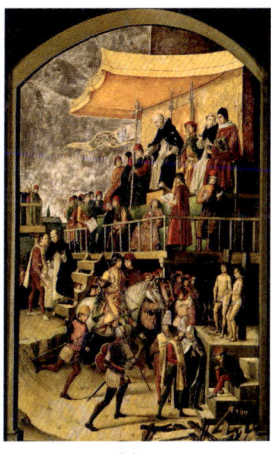

Inquisitionsverfahren

dieser Zeit deutlich zu. Während im frühen Mittelalter im Wesentlichen für Raub, Mord, Brandstiftung, Vergewaltigung sowie schwere Vergehen gegen König und Kirche die Todesstrafe verhängt wurde, konnten im Hoch- und Spätmittelalter auch Diebe und Ehebrecher getötet werden.

AUSWIRKUNGEN

In der Praxis war das mittelalterliche Rechtssystem oft extrem grausam und ungerecht und blieb so bis ins Zeitalter der Aufklärung.

GRAUSAME SPEKTAKEL

Ab Mitte des 12. Jahrhunderts nahmen auch die „peinlichen" (schmerzhaften) Strafen zu, etwa Auspeitschungen oder das Abhacken einer Hand, während im frühen Mittelalter auch schwere Verbrechen oft mit einem – entsprechend hohen – Bußgeld bereinigt wurden. Viele als typisch mittelalterlich empfundene Hinrichtungsarten wie etwa Vierteilen wurden in größerem Umfang aber erst in der frühen Neuzeit praktiziert, andere wie das Töten in der Eisernen Jungfrau scheinen überhaupt eine Erfindung zu sein. Typisch spätmittelalterlich sind dagegen Schandstrafen wie das Ausstellen am Pranger. Mit der Zeit wurden Bestrafungen zum öffentlichen Spektakel, das als Abschreckung dienen sollte. In der Praxis trug es aber meist zur Volksbelustigung bei.

57 RECONQUISTA

Das Hochmittelalter war die entscheidende Epoche bei der Wiedereroberung Spaniens.

WER?	Rodrigo Diaz de Vivar (um 1043–99), genannt El Cid (arab., der Herr) oder El Campeador (span., der Kämpfer); Alfons VI. von Leon und Kastilien (1040–1109); Alfons I. von Portugal (1109–85) u. a.
WAS?	Rückeroberung der iberischen Halbinsel durch die Christen
WANN?	722–1492, Kernzeit 1086–1265

Bis 1085 konnten die Christen in Nordspanien immer wieder Schwächeperioden der muslimischen Herrschaft nutzen, um sich mehr Unabhängigkeit zu erkämpfen. Ähnliches taten einige maurische Fürsten, die so ihre Selbstständigkeit erreichten. All diese nordspanischen Reiche bekämpften sich regelmäßig untereinander in wechselnden Bündnissen, auch in solchen zwischen Christen und Muslimen. Als Spaniens **Nationalheld El Cid** und **König Alfons VI.**, der 1085 Toledo eroberte, aber entscheidende Gewinne erzielten, riefen die spanischen Muslime die

El Cid

nordafrikanischen Almoravidenherrscher zu Hilfe. Diese übernahmen nach einigen Siegen die Macht über das muslimische Spanien, doch ihre religiöse Intoleranz schweißte die christlichen Reiche erstmals zusammen und sorgte auch unter den Muslimen für Unruhe. Bis auf das Emirat von Granada, das aber kastilischer Vasallenstaat wurde, hatten die Christen 1265 die ganze iberische Halbinsel wiedererobert. Es existierten die Königreiche Kastilien, Aragon und Portugal, das von Alfons I. mithilfe durchreisender Teilnehmer des Zweiten Kreuzzuges befreit worden war.

▪ AUSWIRKUNGEN

Durch die Reconquista entstanden die heutigen Staaten Spanien (endgültig 1439 durch die Vereinigung von Kastilien und Aragon) und Portugal. Das maurische Erbe wurde aber zu großen Teilen verdrängt.

ENGLISCHER BÜRGERKRIEG

Eine Frau auf dem Thron? Im England des 12. Jahrhunderts führte diese Möglichkeit zu einem verheerenden Krieg.

WER?	Stephan von Blois (1097–1154); Mathilde (1102–67); ihr Mann Gottfried Plantagenet, Graf von Anjou (1113–51); ihr Sohn Heinrich II. von England (1133–89)
WAS?	Kampf um den englischen Thron
WANN?	1136–53

Der englische König Heinrich I. starb 1135. Vor seinem Tod hatte er die Barone gezwungen, seine **Tochter Mathilde als Erbin** anzuerkennen. Diese weilte jedoch in Frankreich, und Heinrichs nächster männlicher Verwandter, sein Neffe **Stephen von Blois**, reklamierte den Thron für sich. Da es eine **starke Opposition** sowohl gegen eine Frau auf dem Thron als auch gegen Mathildes Gatten, den französischen Grafen Gottfried Plantagenet, gab, konnte er sich zunächst durchsetzen. Allerdings machte er Kirche und Adel Zugeständnisse für ihre zustimmende Haltung. Mathilde und ihr Mann entschlossen sich, zunächst die zu England gehörende Normandie anzugreifen. Während Gottfried dort ab 1141 gewann, führte Mathilde ab 1138 auch in England Krieg gegen ihren Vetter, ohne sich entscheidend durchsetzen zu können. Es folgten **Jahre der Zerstörung und Anarchie**, bis

Mathilde

1153 Mathildes Sohn Heinrich II., inzwischen Herzog der Normandie, nach England kam. Inzwischen waren alle Seiten des Krieges so müde, dass man sich auf einen **Kompromiss** einigte. Stephan adoptierte Heinrich als Erben, obwohl er selbst Söhne hatte.

■ **AUSWIRKUNGEN**

Der Bürgerkrieg hinterließ ein **verwüstetes Land**. Mit Heinrich II. kam danach aber ein äußerst energiegeladener und **fähiger Herrscher** an die Macht, dem es gelang, die Zustände relativ schnell wieder zu ordnen.

59 SCHEIDUNG MIT FOLGEN

In einer Zeit, in der Länder und Throne vererbt wurden, zogen private Probleme oft weitreichende politische Veränderungen nach sich.

WER?	Ludwig VII. von Frankreich (1120–1180), Eleonore von Aquitanien (um 1122–04), Heinrich II. von England
WAS?	Zuspruch des Herzogtums Aquitanien (mit Poitou, Limoges, Auvergne, Gascogne) an England
WANN?	1152

In seinem Bemühen, die **französische Königsmacht zu stärken**, hatte **Ludwig der Dicke seinen Sohn** mit der Erbin **Eleonore** von Aquitanien verheiratet. Ludwig VII. war extrem fromm, während Eleonore als „Königin der Troubadoure" Hof hielt und – davon waren viele Zeitgenossen überzeugt – eine **notorische Ehebrecherin** war. 1152 erwirkte Ludwig die

Eleonore von Aquitanien

Scheidung. Eleonore heiratete jedoch noch im selben Jahr **Heinrich Plantagenet**, den künftigen König von England. Sie machte Ludwig damit nicht nur lächerlich, sondern brachte der englischen Krone auch den Südwesten Frankreichs ein – zusätzlich zur Normandie, Anjou und der Touraine, die den Plantagenets schon gehörten. Dadurch **änderten sich die Machtverhältnisse** zwischen den Nachbarländern dramatisch. Das Blatt wendete sich in der nächsten Generation allerdings zumindest teilweise. Eleonores Söhne intrigierten untereinander und gegen ihren Vater. Der französische König Philipp II. August (1165–1223), Ludwigs Sohn aus dritter Ehe, säte diese **Zwietracht** beharrlich und konnte schließlich die Normandie, Anjou und Touraine wieder für Frankreich gewinnen. Sein Sohn eroberte schließlich fast ganz Aquitanien.

AUSWIRKUNGEN

Mit der Heirat zwischen Eleonore und Heinrich II. begann eine erbitterte **Feindschaft** zwischen England und Frankreich, die schließlich zum **Hundertjährigen Krieg** führte.

MINNESANG

Wer ein echter Ritter sein wollte, musste nicht nur kämpfen können, sondern auch Liebeslieder für eine unerreichbare Dame dichten.

WER?	Wilhelm IX. von Aquitanien (1071–1126), Walther von der Vogelweide (um 1170–1230) u. a.
WAS?	Im engeren Sinn nur vom Adel gepflegte Liebeslyrik, im weiteren für die mittelhochdeutsche Lyrik insgesamt gebraucht
WANN?	Ab dem 11. Jh.

Die Wurzeln des Minnesangs liegen in Südfrankreich. Dort begannen im 11. Jahrhundert adlige Dichter kunstvolle Lieder zu erfinden. Der erste bekannte ist **Herzog Wilhelm von Aquitanien,** der Großvater der berühmten Eleonore. Als Inspiration diente möglicherweise die maurische Dichtung in Spanien. Die Sprache war nicht Latein, sondern Okzitanisch, allerdings nicht einer der gesprochenen Dialekte, sondern eine Kunstsprache. Oft ging es um die Liebe, aber es gab auch Balladen, Streitgedichte, Tanzlieder und vieles mehr. Mit dem Ritterideal verbreitete sich die Mode in Europa. In Deutschland kam sie Mitte des 12. Jahrhunderts auf. In der Folgezeit entwickelte sich der typische Minnesang, der darin bestand, eine **unerreichbare Dame** platonisch zu verehren. Minnesang zählte nun zu den Fähigkeiten, die ein Ritter unbedingt beherrschen musste und es fanden regelrechte Duelle statt. **Walther von der Vogelweide** besang als Erster auch ganz konkrete Liebesbeziehungen zu gewöhnlichen Frauen, sein Hauptthema aber waren politische Lieder. Überhaupt umfasste die Lyrik des Hochmittelalters – vor allem bei „hauptberuflichen" Lyrikern – weit mehr als den Minnesang.

Minnesänger und unerreichbare Dame

▒ AUSWIRKUNGEN

Mit dem Minnesang kam es zu einer **ersten Blüte der europäischen Literatur,** die über Religiöses hinausging und andere Lebensbereiche einschloss.

61 FRIEDRICH BARBAROSSA

Kaum ein anderer Herrscher prägte das Mittelalter so wie Kaiser „Rotbart".

WER?	Kaiser Friedrich I., genannt Barbarossa (ital., Rotbart)
WANN?	Um 1122 bis 10. Juni 1190, König ab 1152, Kaiser ab 1155
WO?	Kaiserreich

Der wahrscheinlich berühmteste Kaiser des Mittelalters neben Karl dem Großen wurde 1152 als Nachfolger seines Onkels Konrad III. gewählt. Seine **Regierungszeit** fällt mit der **Blüte des Hochmittelalters** zusammen. Es war die Zeit der Burgen, Ritter und Turniere, aber auch die Städte und das Handwerk nahmen einen großen **Aufschwung**. Friedrich Barbarossa förderte dies, etwa durch die Gründung von Städten auf staufischem Hausgut, die **Verleihung von Marktrechten** und die Einführung eines **einheitlichen Münzwesens** nach ita-

Friedrich Barbarossa und seine Söhne

lienischem Vorbild. Auch sich selbst wusste der Kaiser glänzend in Szene zu setzen, etwa durch seine aufwendige Hochzeit mit der Erbin Beatrix von Burgund 1156 oder durch ein riesiges Turnier anlässlich der Schwertleite seiner Söhne 1184. Diese war eine Vorform des Ritterschlages. Wegen dieses Glanzes und seiner innenpolitischen Verdienste gerät leicht in den Hintergrund, dass der Kaiser eine äußerst verlustreiche und nicht sonderlich erfolgreiche Italienpolitik betrieb. Dabei kam es nicht nur immer wieder zum **Konflikt** mit den Päpsten, sondern auch mit den oberitalienischen Städten, die sich gegen seine Steuerforderungen heftig zur Wehr setzten.

▨ AUSWIRKUNGEN

Friedrich Barbarossa war mit dem **Anspruch** König geworden, die **Ehre des Reiches** wiederherzustellen und gilt traditionell als eine der größten deutschen Herrschergestalten. Heute wird er teilweise kritischer gesehen. Unbestreitbar ist, dass er die Fantasie der Nachwelt beflügelte und zum **nationalen Mythos** wurde.

MARKTRECHT UND VERSTÄDTERUNG

Die vielleicht wichtigste Entwicklung des Mittelalters war der Aufstieg der Städte.

WAS?	Recht, einen Markt abzuhalten
WANN?	In großem Stil ab dem 11. Jh.
WO?	Vor allem Kaiserreich und Frankreich, in besonderem Maß Oberitalien und Flandern, im muslimischen Spanien starke Verstädterung mit anderem rechtlichen Charakter

Schon im Frühmittelalter nutzten die Herrscher ihr Privileg, Märkte genehmigen zu dürfen, um strategisch günstig gelegene Orte zu fördern. Erst die **agrarische Revolution** des Hochmittelalters machte es möglich, viele Städter, die selbst keine Lebensmittel produzierten, zu ernähren. Und erst danach entwickelte sich genügend Kaufkraft, um einen lebhaften Handel in Schwung zu bringen, gerade auch mit Produkten, die über das Lebensnotwendige hinausgingen. Die Bauern im Umland der Städte begannen, sich ganz auf die **Produktion von Lebensmitteln** zu verlegen und kauften dafür Gegenstände, die sie früher selbst hergestellt hatten, von Handwerkern. Viele suchten ihr Heil auch in der Stadt. Zwar durften sie eigentlich ihren Herrn nicht verlassen, aber es setzte sich das Prinzip durch, dass jeder nach „Jahr und Tag" in der Stadt frei war. Dagegen gab es massiven Protest des kleinen Adels, doch Bischöfe und hoher Adel – in besonderem

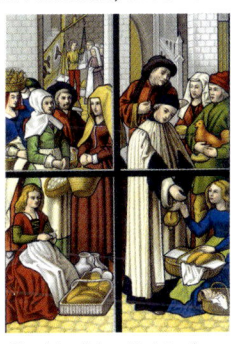

Mittelalterliches Markttreiben

Maße die Stauferkönige – profitierten als Stadtherren von Abgaben und Zöllen und hatten deshalb ein Interesse daran, die Verstädterung zu fördern. Vor allem **Fernhandelskaufleute** erhielten Privilegien und bildeten schnell die **städtische Oberschicht**.

AUSWIRKUNGEN

Die Städte waren der **Motor des Fortschritts** im Mittelalter. Hier entwickelten sich neue Lebensformen und Möglichkeiten, neue Fertigkeiten und Künste.

63 OSTKOLONISATION

Die Anwerbung deutscher Siedler für Osteuropa war zunächst eine Erfolgsgeschichte. Zu Verwerfungen kam es erst in der Neuzeit.

WER?	Heinrich der Löwe (1129–95), Albrecht der Bär (um 1100–70) u. a.
WANN?	Ab Mitte des 12. Jh.
WO?	Vor allem zwischen Elbe und Oder, aber auch ganz Osteuropa

Vermutliche Stifter-statue Heinrichs

Die Slawengebiete zwischen Elbe und Oder wurden im Frühmittelalter immer wieder von den deutschen Königen unterworfen und gingen erneut durch Aufstände verloren. 1147 ließen sich der Sachsenherzog Heinrich und Albrecht, Markgraf der Nordmark, vom Papst die Erlaubnis erteilen, nicht am Zweiten Kreuzzug teilzunehmen, sondern stattdessen einen „Wendenkreuzzug" östlich der Elbe durchzuführen. In der Folge unterwarf **Heinrich der Löwe** Ostholstein und Mecklenburg, Albrecht der Bär Brandenburg. Dabei gingen sie äußerst grausam vor. Heinrich forderte auch die **Zwangstaufe**. Danach aber setzte eine planmäßige **Förderung der Gebiete** ein, zu der auch die Niederlassung vieler deutscher Siedler in noch nicht urbar gemachten Gebieten gehörte. Auch die Könige von Ungarn und Böhmen, sowie die Herzöge von Pommern und Schlesien, warben gezielt vor allem deutsche Siedler an. In Pommern und Schlesien setzte sich im 13. Jahrhundert sogar die deutsche Sprache durch. Ein weiterer „Exportschlager" war das **deutsche Stadtrecht**, das bis in die Ukraine hinein übernommen wurde.

▓ AUSWIRKUNGEN

Längerfristig profitierten erst einmal alle Gebiete von der Siedlungspolitik, auch die so grausam unterworfenen Elbslawen. In der Neuzeit kam es zu **Verwerfungen zwischen deutsch- und slawischsprachigen Bewohnern**, die bis in die Zeit des Nationalsozialismus hinein schlimmste Konsequenzen hatten.

ZISTERZIENSER

Die Gründung der Zisterzienser war eine erste Absage an den Reichtum der Kirche.

WER?	Robert von Molesme († 1111), Bernhard von Clairvaux (um 1090–1153)
WAS?	Neuer benediktinischer Orden
WANN?	1098

Das **Kloster Cluny** nahm im Hochmittelalter einen gewaltigen Aufschwung. Es war eng mit dem französischen Ritter- und Königtum verbunden, bekam eine riesige Menge von Zuwendungen, regierte über Hunderte von abhängigen Tochterklöstern in ganz Europa, baute die größte Kirche der Welt und feierte seine Gottesdienste mit ungeheurem Prunk. Aus Protest gründete Robert von Molesme **Cîteaux**, das wieder streng nach den Regeln des heiligen Benedikt leben sollte. Die Mönche kassierten nicht einmal den Zehnten und ließen ihr Land nicht von Bauern bestellen, sondern lebten ausschließlich von ihrer eigener Hände Arbeit. In der Folge bauten die Zisterzienser ihre Klöster bewusst in einsamen Gegenden. 1113 trat **Bernhard von Clairvaux** in Cîteaux ein. Er veranlasste die Gründung von etwa **350 Tochterklöstern** in ganz Europa, war als **Kreuzzugprediger** wesentlich für den (allerdings glücklosen) Zweiten Kreuzzug

S. Robertus Abb.

Robert von Molesme

verantwortlich, sorgte dafür, dass die im Umfeld der Kreuzzugbewegung entstandenen Ritterorden anerkannt wurden, obwohl Klerikern das Kämpfen bis dato streng verboten war, trug wesentlich zur Entstehung der Marienfrömmigkeit bei und vermittelte zwischen weltlichen und kirchlichen Fürsten.

AUSWIRKUNGEN

Die **Zisterzienserklöster** bildeten in noch wenig urbaren Gebieten **Kristallisationspunkte der Zivilisation** und trugen wesentlich zur Erschließung bei. Bernhard von Clairvaux war eine der prägenden Gestalten seiner Zeit, beeinflusste die katholische Frömmigkeit aber noch weit darüber hinaus.

SALADIN

Der Ayyubiden-Sultan beeindruckte den Westen so sehr, dass er in der Folge regelrecht verklärt wurde.

WER?	Salah ad-Din Yusuf ibn Ayub, im Westen Saladin genannt
WAS?	Sultan über Ägypten und den Nahen Osten
WANN?	Ca. 1137–38

Saladin im Kampf

Der oströmische Kaiser Johannes II. Komnenos starb im Jahr 1143. Er hatte bis dato seine schützende Hand über die Kreuzfahrerstaaten gehalten. Danach gerieten diese unter den Druck der Zengiden, der Statthalter der Seldschuken in Aleppo. 1174 übernahm deren **General Saladin** die Macht. Er schloss einen **Waffenstillstand** mit den „Franken", der aber vom äußerst skrupellosen und politisch unfähigen Fürsten Antiochias, Rainald von Chatillon (um 1125–87), durch wiederholte Raubzüge in muslimisches Gebiet gebrochen wurde. Daraufhin eroberte Saladin große Teile der Kreuzfahrerstaaten. Der **Fall Jerusalems 1187** führte zum **Dritten Kreuzzug** (1189–92). An diesem nahmen Friedrich Barbarossa (der allerdings schon in Anatolien ertrank), König Philipp II. von Frankreich und König Richard I. von England (1157–99) teil. Vor allem **Richard Löwenherz** und Saladins Bruder und Chefunterhändler Al-Adil (1145–1218) begegneten einander mit größtem Respekt, tauschten Geschenke aus und veranstalteten glanzvolle Feste füreinander. Letztendlich gewannen die Kreuzfahrer aber nur einige Küstenregionen zurück und bekamen den freien Zugang für Christen nach Jerusalem garantiert.

◼ AUSWIRKUNGEN

Saladins Handeln, das dem Ideal des perfekten Ritters entsprach, und sein **märchenhafter Reichtum** beeindruckten seine christlichen Gegner tief und führten zu einem positiveren Bild der islamischen Welt im Westen. Saladin war zudem ein **erfolgreicher Eroberer** und geschickter Innenpolitiker, was seinem Ruf ebenfalls zugute kam.

Katharer und Waldenser

Mit den Ketzerbewegungen richtete sich die Volksfrömmigkeit des Mittelalters plötzlich gegen die Kirche.

WER?	Petrus Valdes († vor 1218) u. a.
WAS?	Religiöse Laienbewegungen mit teils häretischen Inhalten
WANN?	Ab Mitte des 12. Jh.

Die Reformen von Cluny hatten auch zu einer **gesteigerten Volksfröm-migkeit** geführt. Aus Angst, ihr ewiges Seelenheil zu gefährden, begannen viele Menschen die Religion extrem ernst zu nehmen. Dies führte jedoch auch dazu, dass Widersprüche zwischen der offiziellen Lehre der Kirche, bzw. dem Lebenswandel ihrer Vertreter, und der Lehre der Evan-

gelien in den Fokus gerieten. Dies trug zur Entstehung von **religiösen Laienbe-wegungen** bei, wie etwa der des Lyoner Kaufmanns **Petrus Valdes**, der 1176 nach einer Hungersnot erst eine öffentliche Armenspeisung organisierte und anschließend zum Wanderprediger wurde. Die **Waldenser** begannen erst von der kirchlichen Lehre abweichende Meinungen zu vertreten, nachdem Valdes wegen eines missachteten Predigtverbotes zum Ketzer erklärt worden war. Die Lehre der **Katharer** dagegen, die zwischen einer guten geistigen Welt und einer bösen

Waldenserkirche im heutigen Mailand

materiellen Welt unterschied, war von Anfang an häretisch. Selbst aber sahen sich die Katharer als die wahren Christen. Daneben gab es weitere, weniger bedeutende Bewegungen. Alle wurden, obwohl sie gewaltfrei handelten, mit aller Härte bekämpft. Gegen die Katharer, die vor allem in Südfrankreich sehr stark waren, wurden sogar als Kreuzzug titulierte Kriege bis zur **völligen Vernichtung** geführt.

■ AUSWIRKUNGEN

Im Mittelalter gewann die Kirche den Kampf gegen die sogenannten Ketzer noch – um den Preis äußerster Brutalität. Aber die Kritik riss bis zur Reformation nicht mehr ab.

67 FRANZ VON ASSISI

Der heilige Franziskus ist vermutlich der populärste Heilige. In seiner Zeit brachte er Armut und tätige Nächstenliebe in Mode.

WER?	Giovanni Battista Bernardone, Mönchsname Franziskus
WAS?	Gründung des Ordens der Minderen Brüder (Franziskaner)
WANN?	Ca. 1181–1226

Der Sohn des reichen Kaufmanns Bernardone aus Assisi begann um 1205 als **Asket** in völliger Armut zu leben. Drei Jahre später fing er an, nach dem Vorbild Jesu ein **Predigerleben** zu führen, gewann erste Anhänger und holte sich eine päpstliche Erlaubnis ein, eine Gemeinschaft zu gründen. 1210 wurde seine Ordensregel für die inzwischen rasant gewachsene Gemeinschaft bestätigt. Er inspirierte auch die adlige Clara (1193–1253), die einen entsprechenden Frauenorden gründete.

▨ AUSWIRKUNGEN

Franz von Assisi traf mit seiner **radikalen Christusnachfolge** den Nerv der Zeit und inspirierte viele andere Menschen. Gerade auch adlige Frauen wie Elisabeth von Thüringen (1207–31) und Agnes von Böhmen (1211–82) brachen völlig mit ihrem Leben und widmeten sich konsequent der Nächstenliebe. Vom Volk wurden diese Menschen frenetisch verehrt, wie

das Beispiel des **Antonius von Padua** (1195–1231) beweist, der durch den Druck des Volkes weniger als ein Jahr nach seinem Tod heiliggesprochen wurde. Vielen Heiligen gelang es aber auch, Päpste und Fürsten zu ermahnen. Franz von Assisi konnte durch **geschickte Kooperation mit den Päpsten** seine Bewegung vom Ketzereivorwurf freihalten. Etwas später entstanden mit den Augustiner-Eremiten, Karmeliten und Dominikanern weitere Bettelorden, die auch karitativ tätig wurden. Auch heute noch ist die **Verehrung des heiligen Franziskus** über den Kreis der katholischen Kirche hinaus groß.

Rubens' Darstellung des Heiligen Franziskus

VENEDIG

Der Handel machte die Seerepublik so mächtig, dass sie sogar für Byzanz gefährlich wurde.

WER?	Doge Enrico Dandolo (ca. 1122–1205) u. a.
WAS?	Serenissima Repubblica di San Marco (Erlauchteste Republik des Heiligen Markus)
WANN?	697–1797

In der Spätantike gehörte Venedig zum byzantinischen Reich, erklärte sich aber 697 zur Republik. Regiert wurde sie von **gewählten Dogen**, im Hochmittelalter lag aber die eigentliche Macht in den Händen eines **Adelsrates**, der Signoria. Aufgrund seiner geschützten Lage widerstand Venedig allen Eroberungsversuchen. Die Stadt lebte seit jeher vom Handel und gewann im 9. Jahrhundert durch den Kampf gegen Seeräuber und Sarazenen **militärische Stärke**. Ab dem 11. Jahrhundert hatte sie das Monopol

Wappen Venedigs

auf den Handel zwischen östlichem und westlichem Kaiserreich. Durch die Kreuzzüge verstärkte sich zudem der **Orienthandel** immens. Im 12. Jahrhundert versuchten die oströmischen Kaiser Venedigs Macht zu beschneiden, indem sie mit Pisa und Genua paktierten und die Privilegien der venezianischen Händler in Konstantinopel beschnitten. Daraufhin manipulierte Enrico Dandolo 1201 die Teilnehmer des Vierten Kreuzzugs, die auf Venedigs Schiffe angewiesen waren, sodass sie stattdessen Konstantinopel eroberten. Sie errichteten ein lateinisches Kaiserreich, das unter der wirtschaftlichen Oberhoheit Venedigs stand, aber nur bis 1261 Bestand hatte. **Venedig** musste in der Folge Handelsanteile an Genua abgeben, konnte seine **Vormachtstellung** aber behaupten.

AUSWIRKUNGEN

Venedigs Seemacht ermöglichte und dominierte den lukrativen Handel und den kulturellen Austausch zwischen Westeuropa und dem Osten. Diese Macht blieb bis zur Eroberung Konstantinopels erhalten.

68 DSCHINGIS KHAN

In einem beispiellosen Siegeszug eroberte der Mongolenführer das größte Reich, das je existierte.

WER?	Temüdschin, genannt Dschingis Khan, Khan der Mongolen
WANN?	Ca. 1160–1227
WO?	Ostchina bis Osteuropa

D schingis Khan gelang es, bis 1206 alle Mongolenstämme entweder zu unterwerfen oder sie auf diplomatische Art für sich zu gewinnen. Sein Prinzip war, den alten Adel zu entmachten und all jene, die sich im Krieg ausgezeichnet hatten, zu fördern. Auf diese Weise bekam er eine **hoch motivierte Armee**, benötigte aber auch immer neue Opfer. Zunächst waren dies die asiatischen Nachbarstämme, dann unterwarf er Nordchina

Dschingis Khan und seine Gefolgschaft

mithilfe des südlichen Teilreiches. Persien wurde leichte Beute, weil erst vor Kurzem die Seldschuken gestürzt worden waren. Dschingis Khans bevorzugte Taktik war, mit einem schnellen Reiterangriff und Pfeilhagel über den Gegner herzufallen, sich anschließend scheinbar zurückzuziehen und ihn in einen Hinterhalt zu locken. Demonstrative **Grausamkeiten** an den Besiegten sollten künftige Gegner

einschüchtern. Nach Dschingis Khans Tod dehnten seine Nachkommen das Reich bis nach Schlesien und Ungarn aus. Sein **Enkel Batu** (1205–55) herrschte mit seinem Khanat der Goldenen Horde über Russland, ein anderer Enkel, **Kublai** (1215–94), wurde Kaiser von China. Unter seiner Herrschaft umfasste das Mongolenreich über 30 Millionen Quadratkilometer und mehr als die Hälfte der Weltbevölkerung.

AUSWIRKUNGEN

Die Eroberung durch die Mongolen war extrem grausam. Danach aber wurden die unterworfenen Kulturen nicht angetastet und regionale Auseinandersetzungen unterbunden, sodass im gesamten **Riesenreich** relativ geordnete Zustände herrschten. Die **Seidenstraße** erlebte unter Kublai Khan ihre **Blütezeit**.

MARCO POLO

Ob er in China war, ist umstritten, aber er wusste spannend davon zu erzählen.

WER?	Marco Polo, venezianischer Händler
WAS?	*Il Milione* oder *Le meraviglie del mondo* (Die Wunder der Welt), Reisebericht Marco Polos, 1299
WANN?	Ca. 1254–1324

Marco Polo war nicht der erste Europäer im fernen Osten. Bereits 1245 und 1252 waren Mönche in die Mongolei gereist, um im **Auftrag des Papstes** zu erkunden, ob die mongolischen Großkhane eventuell für ein Bündnis gegen den Islam zu gewinnen wären. Die beiden venezianischen Juwelenhändler **Niccolò und Matteo Polo** dagegen wollten 1250 eigentlich nur bis an die Wolga reisen, wurden durch Kriege aber gehindert zurückzukehren und schlossen sich einer persischen Gesandtschaft an, die auf dem Weg zu **Großkhan Kublai** war. 1271 unternahmen sie zusammen mit Niccolòs Sohn Marco – und einer päpstlichen Botschaft – eine **zweite Reise in die Mongolei**. Angeblich trafen sie Kublai Khan in seiner Sommerresidenz nördlich von Peking und blieben bis 1291, wobei Marco, vom Khan zum **Präfekten** ernannt, im gan-

Marco Polo wird reich beschenkt.

zen Land herumreiste. Nach 20 Jahren nahmen sie die Gelegenheit wahr, wieder mit einer persischen Gesandtschaft die Heimreise anzutreten. 1299 geriet Marco Polo in **genuesische Gefangenschaft** und verfasste im Gefängnis einen Bericht seiner abenteuerlichen Reise.

AUSWIRKUNGEN

Die Wissenschaft bezweifelt, ob Marco Polo wirklich alles, was er beschreibt, vor allem China, mit eigenen Augen sah, oder nur Berichte aus China niederschrieb. Auf jeden Fall erregte sein Buch **großes Aufsehen**, erweckte großes Interesse am fernen Osten und inspirierte viele Entdecker der frühen Neuzeit wie Christoph Kolumbus (1451–1506).

71 RITTERROMANE

König Artus und Parzival waren schon im Hochmittelalter sehr bekannt und groß in Mode.

WER?	Chrétien de Troyes (ca. 1140–90), Hartmann von Aue († ca. 1215), Gottfried von Straßburg († ca. 1215), Wolfram von Eschenbach (ca. 1170–1220), Verfasser des *Nibelungenliedes* u. a.
WAS?	Versepen
WANN?	Vor allem 12.–13. Jh.

Heldengeschichten waren schon immer beliebt. Frühmittelalterliche Beispiele sind das englische Epos *Beowulf*, das etwa um 700 verfasst wurde und ganz in der Tradition der skandinavischen Skaldendichtung stand, das deutsche *Hildebrandslied* aus dem 9. Jahrhundert oder das lateinische Versepos *Ruodlieb* (Mitte des 11. Jahrhunderts, Süddeutschland). Im 12. Jahrhundert kamen **Heldenepen von Frankreich** ausgehend in Versform in Mode. Teilweise wurden historische Figuren und alte Sagenstoffe verwendet, doch die Geschichten spielen in einer idealen, **hochmittelalterlichen Welt**, in der die Ritter auf **Abenteuerreisen** ge-

Gottfried, der Verfasser von Tristan

hen, um schöne Frauen werben und **tragische Schicksale** erleiden. Ein erster Meister dieses Metiers war der Franzose Chrétien de Troyes, der die erste bekannte Gralserzählung sowie mehrere Romane um den Artus-Sagenkreis verfasste, wie z. B. *Erec und Enide*, *Lancelot oder der Karrenritter* und *Iwain oder der Löwenritter*. Andere Autoren bearbeiteten später teilweise die gleichen Stoffe, wie Hartmann von Aue (*Erec* 1180, *Iwein* 1202) und Wolfram von Eschenbach (*Parzival*, um 1205). Weitere berühmte deutsche Epen sind *Tristan* (von Gottfried von Straßburg) und das *Nibelungenlied* (Anfang des 13. Jahrhunderts).

▨ AUSWIRKUNGEN

Viele der Stoffe der mittelalterlichen Heldenepen gehören auch heute noch zum allgemein bekannten Kulturgut und regen immer noch zu Nachdichtungen an.

DEUTSCHER ORDEN

Der Versuch des Ordens, sich ein Territorium zu schaffen, hatte Folgen bis ins 20. Jahrhundert.

WAS?	Deutschordensstaat
WANN?	Ab 1230, Westpreußen 1466 an Polen, Ostpreußen 1525 zum Herzogtum Preußen umgewandelt, Meistertum Livland 1561 zum Herzogtum Kurland und Semgallen umgewandelt
WO?	Preußen, Kurland, Livland und Estland (heute Nordpolen, Lettland, Estland)

Der Deutsche Orden ging während des Dritten Kreuzzuges aus einem Hospital hervor. Da das Heilige Land nicht zurückerobert werden konnte, vereinbarte **Hochmeister Hermann von Salza** (um 1126–1239) mit Kaiser Friedrich II., dem Papst und dem polnischen Herzog Konrad von Masowien (1187–1247), dass der Orden die noch heidnischen Balten an der Ostseeküste unterwerfen sollte und dafür deren Gebiet erhielte. Nacheinander eroberte er Preußen, Kurland, Livland und Estland und errichtete einen **absolutistischen**, aber enorm gut organisierten **Musterstaat**, für den große Mengen deutscher Siedler angeworben wurden. Die Ordensritter planten auch die Unterwerfung Litauens, das jedoch 1386 eine Union mit Polen einging und christlich wurde. 1410 erlitt der Orden eine verheerende **Niederlage bei Tannenberg**. Danach konnte er nicht verhindern, dass sich preußische Adlige und Städte der polnischen Krone unterstellten, um dem diktatorischen Regime der Ordensritter zu entkommen. Auf diese Weise fiel ganz Westpreußen an Polen.

Papst Innozenz und Hermann von Salza

AUSWIRKUNGEN

Der Deutsche Orden vernichtete die pruzzische Kultur und schuf ein **kulturell deutsches Gebiet**, das in der Folge immer wieder die Begehrlichkeit deutscher Staaten erweckte. Im heutigen Baltikum etablierte sich eine **deutsche Oberschicht**, die bis ins 19. Jahrhundert die baltische Bevölkerung unterdrückte.

73 THEOLOGIE UND PHILOSOPHIE

Über das Verhältnis zwischen Vernunft und Glauben zu diskutieren, war im Mittelalter nicht ungefährlich.

WER?	Petrus Abaelardus (1079–1142), Albertus Magnus (ca. 1200–80), Thomas von Aquin (ca. 1225–74) u. a.
WANN?	Ab dem späten 11. Jh.
WO?	Bologna, Paris, Oxford u. a.

Das Frühmittelalter war noch ganz von den Schriften der **frühen Kirchenlehrer**, vor allem von denen des heiligen **Augustinus** (354–430), geprägt. Dessen Philosophie enthielt von **Platon** (um 428–348 v. Chr.) stammende Elemente. Platons Schüler **Aristoteles** (384–322 v. Chr.) dagegen galt als mit dem Christentum nicht vereinbar und geriet **in Vergessenheit**. Bildungsstätten waren Kloster- und Domschulen, die aber vor allem bestehendes Wissen vermittelten.

Das änderte sich im späten 11. Jahrhundert, als in Bologna, Salerno, Paris und Oxford **erste Universitäten** entstanden. Gelehrt wurden dort die **Sieben Freien Künste** (Grammatik, Dialektik, Rhetorik, Arithmetik, Geometrie, Musik und Astronomie) und daran anschließend Theologie, Jura oder Medizin. Diese neue, von Klöstern und Bischöfen unabhängige Ausbildung führte auch zu wissenschaftlichen Disputen. Einer, der besonders Furore machte, war **Petrus Abaelardus**, der aber vor allem wegen seiner tragischen Liebesgeschichte mit der schönen **Heloise** bekannt ist. Heloise wurde in ein Kloster gesteckt, Abaelardus von ihren Verwandten entmannt. Das hinderte ihn nicht, als **brillanter Philosoph** mit vielen berühmten Schülern zu arbeiten. In seiner Schrift *Sic et non* (Ja und Nein) listete er **Widersprüche in der Bibel** und den Schriften der Kirchenlehrer auf und versuchte zu zeigen, dass diese nur durch die Vernunft, nicht mithilfe des Glaubens aufgelöst werden können. Durch dieses **Primat der Vernunft vor dem Glauben** geriet er vor allem mit Bernhard von Clairvaux

Denkmal von Albertus Magnus vor der Universität Köln

aneinander, der dafür sorgte, dass Abaelardus 1141 zum Schweigen verurteilt wurde. Albertus Magnus dagegen wird wegen seiner umfassenden Bildung auch „Doctor universalis" genannt.

Unter anderem beschäftigte er sich mit der **jüdischen und islamischen Philosophie**, die über ihre byzantinischen Wurzeln viel mehr vom antiken Wissen übernommen hatte als der Westen, vor allem auch die Werke des Aristoteles. Wichtige Denker waren die Muslime **Averroes** (1126–1198), der einen Aristoteles-Kommentar schrieb, und **Avicenna** (980–1037) sowie der Jude Maimonides. (1135–1204). Über Albertus Magnus kam auch sein Schüler Thomas von Aquin mit dem Gedankengut des Aristoteles in Berührung und machte sich daran, zu beweisen, dass dessen Lehre und das Christentum, Vernunft und Glaube, vereinbar sind. In seiner *Summa theologica* versuchte er, alle Aspekte der Theologie zu behandeln.

Thomas von Aquin

AUSWIRKUNGEN

Vor allem **Thomas von Aquin** gilt heute noch als einer der **wichtigsten Kirchenlehrer**. Die überragende Bedeutung, die man seinem Werk beimaß, brachte es aber auch mit sich, dass jede Aussage von ihm als **unantastbar** betrachtet wurde, etwa auch sehr intolerante, gegen Frauen oder Andersgläubige gerichtete Ansichten. Die islamische Philosophie dagegen fand im 12. Jahrhundert ein jähes Ende, da man sie als nicht dem Glauben entsprechend empfand.

SCHOLASTIK

Im weiteren Sinn wird der Begriff Scholastik (lat. scholasticus = schulisch) für die gesamte mittelalterliche Philosophie und Theologie verwendet. Im engeren Sinn meint man damit ein auf die antike Dialektik zurückgehendes Verfahren, zu einer Behauptung nacheinander die dafür und dagegen sprechenden Argumente zu untersuchen und so zu einer Entscheidung zu kommen. Diese Methode setzte sich im 12. Jahrhundert durch.

MYSTIK

Die christlichen Mystiker erscheinen heute leicht befremdlich.
Dabei haben sie eigentlich nur meditiert.

WER?	Bernhard von Clairvaux, Hildegard von Bingen, Franz von Assisi, Mechthild von Magdeburg (13. Jh.), Thomas von Aquin, Gertrud von Helfta (1256–1301), Meister Eckhart (um 1260–1328), Niklaus von Flüe (1417–87) u. a.
WAS?	Gotteserfahrung, emotionale Annäherung an Gott
BEDEUTUNG	Griech. mystikos = geheimnisvoll

Kann man an Gott nur glauben oder auch eine Gewissheit erlangen, dass es ihn wirklich gibt? Diese Frage beschäftigte die Menschen des Mittelalters. Die Theologen suchten nach Gottesbeweisen, etwa der These, dass es einen „ersten unbewegten Beweger" geben müsse. Die

Hildegard von Bingen empfängt eine Vision.

Mystiker dagegen versuchten, durch innere Versenkung eine emotionale Gotteserfahrung zu machen. Im Gegensatz zu einer Vision, die als von Gott geschickte Botschaft galt, ging bei der Mystik die Annäherung vom Gläubigen aus. Dafür wurden Meditationstechniken benutzt, etwa eine innere Nabelschau, aber auch Gebete mit ständigen Wiederholungen wie der Rosenkranz. Viele bedeutende Mystiker beschränkten sich aber nicht auf ein kontemplatives Leben, wie etwa Bernhard von Clairvaux oder Hildegard von Bingen, die auch politisch tätig waren. Selbst bedeutende Theologen wie Thomas von Aquin beschäftigten sich ebenfalls mit Mystik.

AUSWIRKUNGEN

Im Zeitalter der Aufklärung brach die Tradition der irrationalen Mystik weitgehend ab. In der **Moderne** wurden dann eher **fernöstliche Meditationstechniken** zur inneren Versenkung entdeckt, die den mittelalterlichen teilweise gar nicht so unähnlich waren. Am ehesten hielt sich noch die **Exerzitienpraxis** des Jesuitengründers Ignatius von Loyola (1491–1556), eine Form von geistlichen Übungen.

INNOZENZ III. UND DIE INQUISITION

Der Kampf gegen die Ketzerei war das Hauptanliegen des Papstes.

WER?	Papst Innozenz III., Lothar von Segni
WAS?	Inquisition (lat. inquirere = untersuchen), Untersuchungsverfahren gegen Verdächtige der Ketzerei
WANN?	Um 1160 bis 16. Juli 1216, Papst ab 1198

Innozenz III. war ein **leidenschaftlicher Jurist**. Er erließ eine Fülle von kirchlichen Geboten und legte die Rechte, die das Papsttum für sich beanspruchte, juristisch fest. Dabei war er von einem sehr intoleranten, **pessimistischen Menschenbild** und einer starken **Leibfeindlichkeit** geprägt. Unter anderem erließ er verbindliche Ehegesetze, das Gebot, mindestens einmal im Jahr zu beichten, und viele antijüdische Vorschriften. Laien wurde das Lesen der Bibel verboten. Sein Hauptanliegen war der Kampf gegen die häretischen Volksbewegungen. Um Ketzer aufzuspüren, entwickelte er das Inquisitionsverfahren. Verdächtige wurden mit Zeugenaussagen konfrontiert und einer **eingehenden**

Innozenz III. beim Segnen

Befragung unterzogen. Wer überführt wurde, konnte abschwören. Tat er es nicht, wurde er exkommuniziert und der **weltlichen Gerichtsbarkeit** übergeben. Diese sah ab 1224 die **Todesstrafe** vor. 1252 genehmigten die Päpste die Anwendung der Folter, die im weltlichen Bereich erst viel später erlaubt wurde.

░ AUSWIRKUNGEN

Nach Gregor VII. prägte kein Papst mehr das Christentum so wie Innozenz III. Er war von dem Ziel getrieben, **absolute Glaubenssicherheit** herzustellen, indem er alle Belange exakt regelte und Abweichler rigoros bekämpfte. Zwar hatte er die Exzesse späterer fanatischer Ketzerjäger, die jeden auf den Scheiterhaufen brachten, der der Folter nicht widerstand, nicht beabsichtigt, aber doch vorbereitet.

76 FRIEDRICH II.

Der Enkel Barbarossas ist vielleicht der schillerndste Herrscher des Mittelalters.

WER?	Kaiser Friedrich II.
WANN?	26. Dezember 1194 bis 13. Dezember 1250, deutscher König ab 1211, Kaiser ab 1220
WO?	Kaiserreich und Sizilien

Friedrich II. wuchs in Sizilien auf, der Heimat seiner Mutter, während in Deutschland sein Onkel mit dem Sohn Heinrichs des Löwen um den Thron kämpfte. 1211 kürte ihn die **Stauferpartei** zum neuen König. Friedrich wurde in Deutschland begeistert empfangen. Allerdings hielt er sich in der Folge meist in Sizilien auf, das er zu einem **Musterstaat** ausbaute. In die deutsche Politik griff er nur ein, wenn sie seine italienischen Pläne zu stören drohte, was später seinen Sohn in die Rebellion trieb. Friedrich II. war so gebildet, dass er von Zeitgenossen als „Stupor mundi" (Staunen der Welt) bezeichnet wurde. Er hatte ein unvoreingenommenes Verhältnis zu anderen Religionen und legte eine modern anmutende, kritische Neugier an den Tag. Als Herrscher dagegen zeigte er **absolutistische Tendenzen** und zog sich den Hass des Papsttums zu, indem er erst ein **Kreuzzugsversprechen hinauszögerte** und dann als Gebannter allein durch Verhandlungen mit Saladins Neffen al-Kamil (um 1180–1238) Jerusalem – vorübergehend – zurückgewann. Ab 1236 führte er einen Dauerkrieg gegen den lombardischen Städtebund und den Papst, der ihn zum **Antichristen** erklärte.

Siegel Friedrichs II.

AUSWIRKUNGEN

Friedrich II. war sicherlich eine außergewöhnliche Herrscherpersönlichkeit. Unter seiner Regentschaft taten sich jedoch sowohl in Deutschland als auch in Oberitalien und im Verhältnis zu den Päpsten immer mehr Gräben auf. Das Scheitern seiner Nachfolger bedeutete schließlich das **Ende des hochmittelalterlichen Kaisertums**.

LUDWIG DER HEILIGE

Seinen Zeitgenossen galt er als der perfekte christliche Herrscher.

WER?	König Ludwig IX. von Frankreich
WAS?	Eroberung der Katharerburg Montségur (1243), 6. (1248–54) und 7. Kreuzzug (1270)
WANN?	25. April 1214 bis 25. August 1270

Von seiner Großmutter soll Ludwig der Heilige seine legendäre, blassblonde Schönheit geerbt haben, von seiner Mutter erhebliches politisches Format. **Blanka von Kastilien** (1188–1252) übergab ihrem Sohn an seinem 21. Geburtstag – sieben Jahre später als üblich – ein gut geordnetes, friedliches Reich. Ludwig konzentrierte sich daraufhin ebenfalls ganz auf die **innere Ordnung** Frankreichs und trat außenpolitisch als **friedliebender Vermittler** ohne eigene Interessen auf. Intern setzte er die von seinem Großvater Philipp II. begonnene **Zentralisierung** fort und bemühte sich vor allem um **Rechtssicherheit** für alle Menschen. Dafür verehrte ihn das Volk, das dadurch vor der Willkür des Adels geschützt

Ludwig der Heilige

war. Der Adel war nicht mehr mächtig genug, dem König Einhalt zu gebieten. Absolut **rigoros** ging Ludwig allerdings gegen alles vor, was sein Frömmigkeitsgefühl verletzte. Er vernichtete die letzten Katharer, ließ 1252 die Juden ausweisen, ging mit großer Härte gegen Prostitution vor, erklärte Homosexualität zum Verbrechen und versuchte das Glücksspiel zu verbieten. Persönlich lebte er **asketisch**. Der fromme Herrscher unternahm auch **zwei Kreuzzüge**. Im ersten wurde er gefangen genommen und kam nur gegen ein hohes Lösegeld frei, beim zweiten infizierte er sich mit der Ruhr und starb.

AUSWIRKUNGEN

Langfristig am bedeutendsten war Ludwigs konsequenter **Ausbau des französischen Zentralismus** und die damit verbundene Stärkung der Königsmacht.

78 UNTERGANG DER STAUFER

Das Ende der Staufer bedeutete auch das Ende des alten Kaiser-reiches.

WER?	Papst Clemens IV. (ca. 1200–68), Konrad IV. (1228–54), Manfred von Tarent (1232–66), Konradin (1252–68), Karl I. von Anjou (1227–85)
WAS?	Interregnum (Zwischenherrschaft); Zeit ohne reale Königsherrschaft in Deutschland, von 1250–73
WANN?	1250–68

Während Friedrich II. in Oberitalien Krieg führte, versuchte sich in Deutschland sein Sohn Konrad gegen vom Papst eingesetzte **Gegenkönige** zu behaupten. Als sein Vater starb, erbte er den Bürgerkrieg in Italien. 1252 zog Konrad über die Alpen und starb dort an Malaria. Sein illegitimer Halbbruder **Manfred**, vom Vater zum **Reichsverweser von Italien** eingesetzt, führte den Kampf fort. Clemens IV. bannte ihn und ge-

Darstellung des Interregnum

wann Karl von Anjou, den Bruder Ludwigs des Heiligen, indem er ihm Sizilien versprach. Manfred fiel in der Schlacht, seine Witwe und seine drei Söhne starben im Kerker. Danach nahm Konrads Sohn Konradin den Kampf um Sizilien auf. Auch er wurde vom Papst verbannt und von Karl von Anjou gefangen genommen und auf dem Marktplatz von Neapel hingerichtet, eine Tat, die allgemein mit Empörung aufgenommen wurde. In Deutschland wurden nach dem Tod Konrads IV. **verschiedene Könige** von einer Minderheit der Fürsten gewählt, die jedoch keine Rolle spielten, teils nicht einmal nach Deutschland kamen.

AUSWIRKUNGEN

Deutschland wurde nach dem **Interregnum** ein nach außen normales Reich, obwohl das Kaiserreich nominell weiter bestand. Die Könige kümmerten sich kaum noch um Italien und ließen sich nur noch zum Kaiser krönen, wenn es keine Probleme nach sich zog. Damit sank aber auch der politische Einfluss des Papsttums rapide.

NEUE MACHTVERHÄLTNISSE

Nach dem Ende der Staufer begann Frankreich endgültig aus dem Schatten des Kaiserreiches herauszutreten.

WER?	Rudolf I. (1218–91), Graf von Habsburg, Landgraf im Thurgau, ab 1273 deutscher König; Philipp IV. „der Schöne" (1268–1314), ab 1285 französischer König
WANN?	Ab Mitte des 13. Jh.
WO?	Kaiserreich und Frankreich

Wappen der Habsburger

Der Graf Rudolf von Habsburg (1218–91) wurde 1273 zum neuen deutschen König gewählt. In Abstimmung mit den **sieben Kurfürsten**, die sich mittlerweile mit päpstlicher Rückendeckung das alleinige **Recht der Königswahl** gesichert hatten, versuchte er, die Verhältnisse in Deutschland wieder zu ordnen. Dazu gehörte, dass er den König von Böhmen, Ottokar II. (um 1232–78) besiegte, der während des Interregnums Reichslehen an sich gerissen hatte. Mit Zustimmung der Kurfürsten ließ Rudolf Ottokars Sohn nur Böhmen und Mähren und vergab Österreich, die Steiermark, Kärnten und Krain an seinen eigenen Sohn Albrecht (1255–1308). Damit wertete er seine Familie politisch und wirtschaftlich enorm auf, auch wenn sich die **Habsburger** erst ab 1438 als **Königsdynastie** etablieren konnten. In Frankreich bestieg 1285 Philipp der Schöne den Thron. Er trieb intern die Etablierung einer **absolutistischen Königsmacht** voran und schlug einen Aufstand des Grafen von Flandern nieder. Dieser war vom deutschen König und Teilen des Adels unterstützt worden, weshalb Philipp anschließend zum Kaiserreich gehörende Territorien wie die Franche-Comté, Toul und Verdun annektierte.

AUSWIRKUNGEN

Mit Frankreich und den Habsburgern begannen die beiden Mächte ins Rampenlicht zu treten, die die europäische Politik bis ins 18. Jahrhundert hinein dominierten.

DEUTSCHLAND IM SPÄTMITTELALTER

Wer besaß welches Recht? Die Lage in Deutschland war kaum noch überschaubar.

WER?	Karl IV. (1316–78), König von Böhmen, deutscher König und Kaiser
WAS?	Goldene Bulle (1356), Urkunde, die die Königswahl durch die sieben Kurfürsten verbindlich regelte u. a.
WO?	Deutscher Teil des römischen Reiches

Im Spätmittelalter versuchten die meisten Könige, allen voran die von Frankreich, immer mehr Rechte in ihre Hand zu bekommen, um eine **zentrale und absolutistische**, aber auch gut organisierte **Regierung** zu betreiben. **Deutschland** dagegen war rechtlich vollkommen **zersplittert**. Nicht nur die Kaiser hatten immer wieder Rechte verschenkt, um Anhänger zu gewinnen, Rechte waren verkauf- oder tauschbar geworden und wurden oft auch einfach einverleibt. In einem Dorf konnten die Menschen verschiedene Grundherren und wieder andere Gerichtsherren haben. Die Fürsten versuchten in ihren Territorien, diese Rechte wieder in ihre Hand zu bekommen und eine **zentrale Herrschaft** durchzusetzen. Aber niemand machte den

Karl IV. als Stadtgründer

Versuch im Reich. Der bedeutendste Herrscher war Karl IV., der dem Reich mit der **Goldenen Bulle** das erste Mal so etwas wie eine **Verfassung** gab. Aber auch er betrieb eine starke **Hausmachtpolitik** und setzte Reformen primär in seinen Erbterritorien ein.

AUSWIRKUNGEN

Die extreme politische Zersplitterung, die Deutschland bis 1871 prägte, begann im Grunde schon im Hochmittelalter, wurde nach dem Ende der Staufer offenbar und danach nie behoben. In der Neuzeit füllten die Habsburger und Preußen das **Machtvakuum**. Wirtschaftlich machte sich die fehlende Zentralgewalt im Spätmittelalter allerdings noch nicht negativ bemerkbar, kulturell zu keiner Zeit.

MACHTVERFALL DER PÄPSTE

Es gehört zur Ironie der Geschichte, dass mit dem Sieg über die Staufer auch die politische Macht der Päpste rapide schwand.

WER?	Karl von Anjou (1227–85), Martin IV. (Simon de Brion, um 1210–85), Bonifatius VIII. (Benedetto Caetani, um 1235–1303), Philipp IV. von Frankreich, Clemens V. (Bertrand de Got, um 1255–1314)
WAS?	Babylonisches Exil der Päpste in Avignon von 1309–77
WANN?	13.–14. Jh.

D ie Kämpfe gegen die Staufer um Italien hatten die Päpste gezwungen, Rom zu verlassen. Unter diesen Umständen fanden Neuwahlen oft unter irregulären Umständen statt und waren leicht zu beeinflussen. Vor allem **Karl von Anjou** versuchte, Päpste auf den Thron zu bringen, die seine Politik stützten, die u. a. auf die Wiedereroberung des an Aragon verlorenen Sizilien abzielte. Mit **Martin IV.** fand er tatsächlich einen willigen Helfershelfer. Doch ein zum Kreuzzug erklärter **Krieg gegen Aragon scheiterte** kläglich. Mit **Bonifatius VIII.** kam wieder ein machtbewusster Papst auf den Thron. Doch Karls Großneffe Philipp der Schöne von Frankreich zeigte ihm seine Grenzen auf, indem er einen **Wirtschaftsboykott über Italien** verhängte, dem Papst jegliche Kompetenz in weltlichen Dingen absprach und ihn sogar als Ketzer anklagen ließ. 1305 setzte er die Wahl Bertrand de Gots durch, der ausschließlich in Frankreich residierte. Ab 1309 wurde **Avignon Papstsitz** und blieb es bis 1377.

Karl von Anjou

■ AUSWIRKUNGEN

Die politische Macht des Mittelalters bekamen die Päpste nie wieder. Die Fürsten gestanden ihnen nur die religiös-moralische Macht über das Volk zu und begannen sich selbst als Absolutisten über den kirchlichen Gesetzen stehend zu betrachten.

82 VERNICHTUNG DER TEMPLER

Der erste Hexenprozess traf einen religiösen Orden.

WER?	Philipp der Schöne von Frankreich, Papst Clemens V., französische Templer
WAS?	Ketzerprozess gegen die *Arme Ritterschaft Christi und des salomonischen Tempels zu Jerusalem*
WANN?	1307–12

Im Umfeld der Kreuzzüge waren **Ritterorden** wie die Johanniter, der Deutsche Orden und die Templer entstanden, deren Mitglieder **kämpfende Mönche** waren. Sie wurden durch **Schenkungen** enorm reich, waren nach dem Verlust der Kreuzfahrerstaaten aber beschäftigungslos. Die Johanniter eroberten Rhodos und bekamen 1530 Malta geschenkt, von wo aus sie muslimische Schiffe plündern ließen. Der Deutsche Orden widmete sich der **gewaltsamen Missionierung** der Balten. Die Templer aber ließen sich weitgehend in Frankreich nieder und mehrten dort ihr Vermögen durch Geldgeschäfte. Philipp der Schöne war bei ihnen hoch verschuldet. Am 13. Oktober 1307 ließ der König alle Templer verhaften und durch den französischen Generalinquisitor der Ketzerei anklagen. Unter der **Folter** wurden ihnen Geständnisse abgepresst, darunter blasphemische Handlungen, perverse sexuelle Rituale und die Planung einer satanischen Weltverschwörung. Daraufhin wurden 56 Templer verbrannt, der Orden von Clemens V. wurde verboten und sein Vermögen an die Johanniter übertragen.

Brennende Tempelritter

▧ AUSWIRKUNGEN

Der **Prozess gegen die Templer** war nicht nur der **Justizmassenmord** eines skrupellosen Königs, im Gegensatz zu den früheren Ketzerprozessen hatten viele Angeklagte auch nicht mehr die Möglichkeit, sich zu retten, indem sie der Ketzerei abschworen. Der Prozess zeigte alle Merkmale der späteren Hexenprozesse, vor allem den Vorwurf, mit dem Teufel im Bunde zu sein.

Bürgertum und Patrizier

Stadtluft machte nicht alle frei. Auch hinter den Mauern gab es große soziale Unterschiede.

WAS?	Soziale Schichtung in den Städten
WANN?	Hoch- und Spätmittelalter
WODURCH?	Vermögen, Privilegien des Stadtherrn, Stand

Alle Städte des Mittelalters hatten einen **Stadtherrn**. Im besten Fall als Reichsstädte nur den König. Die anderen unterstanden dem weltlichen oder geistlichen Fürsten, auf deren Territorium sie lagen. Manche von diesen versuchten direkte Herrschaft auszuüben, viele fanden es lukrativer

Siegel der Florentiner Patrizierfamilie Strozzi

und bequemer, Selbstverwaltung zu gewähren und nur Steuern zu kassieren. Diese Verwaltung lag meist in der Hand der reichen Fernhandelskaufleute, wobei ihnen die Stadtherren diese Aufgabe teilweise von Anfang an ausdrücklich überlassen hatten. Diese Schicht bildete das **städtische Patriziat**, an dem nur in Ausnahmefällen auch starke Zünfte partizipieren konnten, auch wenn es im Spätmittelalter immer wieder zu **Revolten** kam. Auch die Stadtverteidigung nach außen lag in der Regel in den Händen der Bürgerschaft, weshalb die Stadtherren an möglichst vielen freien, wehrfähigen Bürgern interessiert waren. Das **Bürgerrecht** erhielt in der Regel jedoch nur, wer Haus und Arbeit hatte und Steuern zahlte. Daneben gab es die **Unterschicht** aus Bettlern, Unfreien und armen Freien, die etwa als Knechte oder Tagelöhner im Haushalt anderer lebten und keinerlei politische Teilhabe besaßen.

▨ AUSWIRKUNGEN

Selbstverwaltete Städte mit einer starken, reichen **Kaufmannsschicht** waren im Spätmittelalter eine bedeutende Macht, auch kulturell und politisch. Vor allem auch die deutsche Stadtkultur war äußerst bedeutend.

ZUNFTWESEN

Das Zunftwesen machte die Handwerker stark. Aber es legte dem Einzelnen auch Fesseln an.

WAS?	Zusammenschluss von Handwerkern desselben Gewerbes
WANN?	Ab dem 12. Jh.
WO?	Deutschland, aber ähnlich in anderen europäischen Ländern

Zunftzeichen der Post

Ob sich wirklich die Weber von Mainz schon 1099 zu einer Zunft zusammenschlossen, ist fraglich, da sich die entsprechende Urkunde als Fälschung herausstellte. Im 12. Jahrhundert aber griff die **Bildung von Zünften** um sich, oft gegen den Widerstand der städtischen Obrigkeiten, die eine Schmälerung ihrer Macht befürchteten. In erster Linie sorgten die Zünfte durch **Preisabsprachen**, **Qualitätsstandards** und eine **gemeinsame Vertretung** nach außen dafür, dass die Handwerker eines Gewerbes einer Stadt nicht gegeneinander ausgespielt werden konnten. Mit der Zeit kamen immer mehr Aufgaben dazu. Die Zünfte regelten die **Ausbildung** und sorgten für in Not geratene Mitglieder, drängten aber auch alle Nichtmitglieder aus dem Handwerk. All das trug zu einer **Verfestigung der sozialen Strukturen** bei. Söhne traten in die Fußstapfen ihrer Väter, Töchter heirateten Zunftgenossen. Wer nicht Sohn eines Meisters war oder das Glück hatte, eine Meisterwitwe heiraten zu können, musste sein Leben lang Geselle bleiben, was bedeutete, dass er keinen eigenen Haushalt hatte und auf eine Familie verzichten musste.

AUSWIRKUNGEN

Das Zunftwesen machte das Handwerk stark. Es ging mit einem großen **Qualitätsbewusstsein** einher, das zu einer immer stärkeren **Spezialisierung** und enormen **Fortschritten** führte. Das Ende der Zünfte durch den Dreißigjährigen Krieg und Absolutismus zog eine relative technische Stagnation nach sich, bedeutete gesellschaftlich aber wieder mehr Chancenfreiheit.

Oberitalienische Städte

Das Ende der Staufer bescherte den oberitalienischen Städten eine Freiheit, die sie gut zu nutzen wussten.

WAS?	Weitgehende Autonomie
WANN?	13.–15. Jahrhundert
WO?	Städte der Lombardei und Toskana, u. a. heutiges Mailand, Florenz, Padua, Vicenza, Piacenza, Bologna, Mantua, Ferrara, Cremona

Formell gehörte Oberitalien das ganze Mittelalter über zum Kaiserreich, doch eine wirkliche Macht konnten die Kaiser nur räumlich und zeitlich begrenzt ausüben, sodass sich vor allem die Städte relativ eigenständig entwickeln konnten. Zudem wurden sie durch **Handel** sehr reich. Die Versuche der Staufer, diese Eigenständigkeit wieder zu beschneiden und Abgaben einzuziehen, führten zu mehreren **Kriegen** und der **Gründung von Städtebünden**. Der Kampf zwischen Friedrich II. und den Päpsten spaltete dann auch die einzelnen Städte in eine **guelfische** (päpstliche) und eine **ghibellinische** (kaiserliche) **Fraktion**. Nach dem Ende der Staufer hörte der kaiserliche Einfluss auf die Städte praktisch auf, die internen Auseinandersetzungen zwischen Guelfen und Ghibellinen dauerten aber teils bis zum Ende des Mittelalters an. Im 14. Jahrhundert brachte **Gian Galeazzo Visconti**

Mailänder Dom heute

(1351–1402), der kaiserliche Reichsvikar von Mailand, die ganze Lombardei in seine Gewalt und kaufte dem deutschen König 1397 den Titel eines Herzogs ab.

▦ AUSWIRKUNGEN

Obwohl ihre Entwicklung, auch nach dem Ende der Staufer, alles andere als ruhig und friedlich verlief, entwickelten sich die Städte – teils gerade durch die Konkurrenz untereinander – dynamischer als der Rest Europas. Bereits im frühen 15. Jahrhundert begannen sich die Renaissancekunst, der Humanismus und ein moderner Kapitalismus durchzusetzen.

HUNDERTJÄHRIGER KRIEG

Über hundert Jahre lang versuchten Frankreich und England Schwächephasen des Gegners zu nutzen, um die Oberhand zu gewinnen.

WER?	Frankreich: Philipp VI. (1293–1350), Karl V. der Weise (1338–80), Karl VI. der Wahnsinnige (1386–1422), Karl VII. (1403–61)
	England: Eduard III. (1312–77), Richard II. (1367–1400), Heinrich IV. (1366–1413), Heinrich V. (1387–1422)
WANN?	1337–1453
WO?	England und Frankreich

Der französische König Karl IV. starb 1328 ohne Söhne. Nächster männlicher Verwandter war sein Neffe, der englische **König Eduard III.** Doch ein Kronrat entschied sich für einen Kandidaten aus dem französischen Königshaus, **Philipp von Valois.** Während Eduard nach Verbündeten suchte, besetzte Philipp den verbliebenen englischen Besitz in Frankreich. Daraufhin begann England den **Krieg.** Eduard III., ein äußerst populärer und geschickter Herrscher, hatte u. a. das **Heer reformiert,** indem er eine starke, mit Langbogen bewaffnete Infanterie einführte. Mit deren Hilfe besiegte sein Sohn, der **Schwarze Prinz** (1330–76), die schwerfälligen französischen Ritter 1328 bei Crécy vernichtend und nahm den französischen König gefangen. Eduard kassierte ein hohes Lösegeld, verzichtete aber gegen einen Teil des früheren englischen Besitzes in Frankreich auf die Thronansprüche.

Heinrich IV. bittet Hugo von Cluny und Mathilde von Tuszien um Fürsprache bei Papst Gregor VII.

Der nächste französische König, **Karl V.,** ließ Frankreichs Nationalhelden Bertrand du Guesclin (um 1320–80) das Heer reformieren und eröffnete den Krieg 1369 unter einem Vorwand von Neuem. Er gewann große Teile des englischen Besitzes zurück, während England unter Eduards unfähigem Enkel **Richard II.** in die Krise geriet und 1386 Frieden schlie-

ßen musste. 1399 ersetzte der briti-
sche Adel Richard durch seinen
Cousin Heinrich IV., der erst einmal
für eine **interne Konsolidierung**
sorgte. 1415 nahm **Heinrich V.** den
Krieg wieder auf und errang bei
Azincourt einen triumphalen **Sieg**
über zahlenmäßig weit überlegene
Franzosen. 1418 zog er in Paris ein,
heiratete die Tochter des geistes-
schwachen Königs Karl VI. und ließ

Jeanne d'Arc

sich als dessen Erbe einsetzen. Karls Sohn wurde von seiner eigenen, mit
Heinrich paktierenden Mutter für illegitim erklärt, setzte aber mit den
noch nicht unterworfenen Franzosen den Kampf fort. 1428 befand man
sich auf nahezu verlorenem Posten, als ein junges, von Visionen getriebe-
nes Mädchen – Jeanne d'Arc – auftauchte und zu einem erfolgreichen
Ausfall aus dem belagerten Orleans motivierte. 1429 wurde **Karl VII.** zum
König gekrönt. 1453 hatte er das nun von den **Rosenkriegen** erschütterte
England endgültig besiegt.

AUSWIRKUNGEN

Der Hundertjährige Krieg machte der englischen Präsenz in Frankreich
ein Ende. Er schwächte beide Länder, aber da es keine dritte Macht gab,
die das ausnutzen konnte, gab es im Grunde keine großen, nachhaltigen
Belastungen. Während des Krieges änderte sich das Militärwesen entscheidend. So verschwanden die Ritterheere und es wurden erstmals in
Europa **Feuerwaffen** eingesetzt.

JEANNE D'ARC

Die Jungfrau von Orleans ist eine der rätselhaftesten Gestalten des Mittelalters. Sie wurde um 1412 in Lothringen als Tochter einer Bauernfamilie geboren
und will mit dreizehn Jahren von drei Heiligen den Auftrag bekommen haben,
Frankreich zu befreien. Obwohl man ihr mit großem Misstrauen begegnete,
überzeugte sie die Franzosen durch ihr Auftreten und riss sie durch ihre Erfolge
mit. Ob sie selbst kämpfte oder das Heer nur anführte, ob sie ein taktisches
Genie oder völlig unbedarft war, ist umstritten. Als Karl VII. nach seiner Krönung
verhandeln wollte, kämpfte sie weiter, wurde von den Engländern gefangen
genommen und 1431 als Ketzerin verbrannt.

87 KLIMA IM MITTELALTER

Das Wetter spielte für die einfachen Menschen eine immense Rolle. Und es war nicht in jeder Epoche gleich gut.

WAS?	Wechsel von einer Warmperiode (Mittelalterliches Optimum) zu einer Kälteperiode (Kleine Eiszeit)
WANN?	14. Jh.
FOLGEN	Missernten, Hungersnöte, Revolten

Die vier Apokalyptischen Reiter: Krieg, Pestilenz, Tod und Hunger

Im Zuge der modernen Klimaforschung ist auch die Klimageschichte in den Blickpunkt geraten. Obwohl eine Rekonstruktion schwierig ist, gehen die Forscher davon aus, dass die Völkerwanderungszeit in Europa kalt und feucht war. Danach ging es wieder aufwärts. Ab 800 wird von einem **mittelalterlichen Optimum** gesprochen, in dem die Vegetationsgrenzen etwa 200 Meter höher als heute lagen. Anfangs war das Klima wohl auch recht trocken, wurde nach einem kürzeren Kälteeinbruch in der ersten Hälfte des 12. Jahrhunderts aber feuchter. Ab dem 14. Jahrhundert kam es vermehrt zu harten Wintern und kalten, feuchten Sommern. Von 1315 bis 1317 gab es drei dramatische **Missernten** hintereinander, die vor allem in Nordeuropa zum Großen Hunger führten. Dazu kam, dass die Anbauflächen kaum noch ausgeweitet werden konnten, die vorhandenen Felder aber schon ziemlich ausgelaugt waren.

AUSWIRKUNGEN

Wie stark das Klima wirklich die Geschichte beeinflusste, ist schwer zu sagen. Dass **Missernten** und damit verbundener **Hunger** nach dem Hochmittelalter wieder zunahmen, ist unstrittig. Dass es immer öfter **Revolten** gab, die zumindest teilweise durch steigende Brotpreise, erhöhte Abgabenlast u. Ä. hervorgerufen worden waren, ist ebenfalls sicher. Ob das kältere Wetter aber auch zu einer Verrohung führte, die sich in Hexenverfolgungen, einer Zunahme der Folterpraxis, immer grausameren Strafen u. a. bemerkbar machte, ist Spekulation.

SCHWARZER TOD

Mit der Pest traf eine Katastrophe apokalyptischen Ausmaßes die Menschen in Europa.

WAS?	Pandemie, wahrscheinlich Beulenpest
WANN?	1347–1453
WIE VIELE?	Vermutlich 25 Millionen Todesopfer, ein Drittel der Bevölkerung

Vermutlich stammte die Pest **aus Asien** und gelangte über die regen Handelskontakte auf der Seidenstraße **nach Westen**. 1345 brach sie unter den Mongolen der Goldenen Horde aus, die einen genuesischen Stützpunkt auf der Krim belagerten. Die Mongolen katapultierten die Leichen in die Stadt und 1347 gelangte die Krankheit über genuesische Schiffe nach Konstantinopel, Kairo, Sizilien und Genua selbst. Von dort breitete sie sich bis 1351 in ganz Europa, einschließlich Nordskandinavien, aus. Allerdings gab es auch Inseln, die verschont blieben, vor allem ein großes Gebiet, das von Magdeburg bis in die Westukraine reichte.

Das **Massensterben** ließ die gesamte Ordnung zusammenbrechen. Viele schlossen sich Geißlerzügen an, andere ließen ihre kranken Angehörigen im Stich und flohen in vermeintlich gesunde Gebiete, andere ergaben sich extremen Ausschweifungen. Das Gerücht, die Juden hätten die Brunnen vergiftet, führte zu zahlreichen **Pogromen**.

Begräbnis von Pesttoten

AUSWIRKUNGEN

Die Pest erschütterte das Wirtschaftsgefüge nachhaltig. Da in den Städten weit mehr Menschen als auf dem Land gestorben waren, fielen die Getreidepreise massiv, während die für Handwerksprodukte extrem stiegen. Das traf auch den Adel, der von seinen Gütern lebte, und führte mit zum **Raubrittertum**. Teilweise wurden drastische Maßnahmen ergriffen, die Bauern an der **Landflucht** zu hindern. Außerdem wurde das Vertrauen in Obrigkeit und Kirche, die keinen Schutz vor der Seuche hatten bieten können, massiv erschüttert.

EUROPÄISCHE JUDEN

Die zunehmende religiöse Intoleranz des Mittelalters traf vor allem die Juden.

WAS?	Ausgrenzung und Pogrome
WANN?	Ab 1096
WO?	Christliches Europa

Das Judentum war die einzige andere Religion, die im christlichen Europa erlaubt war. Da die Juden außerhalb der bäuerlichen Gesellschaft standen, waren sie von Anfang an auf Handel und Handwerk festgelegt. Die gute **Vernetzung der Gemeinden** in ganz Europa führte dazu, dass sie im Frühmittelalter den **Fernhandel** dominierten. Auch im Handwerk verlegten sie sich oft auf die Verarbeitung der importierten **Luxusprodukte**, etwa als Goldschmiede oder Seidenweber. Jüdische Gemeinden bildeten sich deshalb vor allem in den wirtschaftlich prosperierenden Regionen und wurden von den Herrschern teils mit **Privilegien** gefördert.

Das weitgehend friedliche Nebeneinander von Juden und Christen änderte sich mit den **Pogromen** im Rahmen der ersten Kreuzzüge. Anfangs stellte sich die Kirche im Allgemeinen noch schützend vor die Juden, was sich aber im Hochmittelalter mit seiner auf allen Gebieten zunehmenden **religiösen Intoleranz** änderte. 1215 verbot **Papst Innozenz III.** ein Zusammenleben von Christen und Juden und verfügte, dass Juden durch **spezielle Kleidung** erkennbar sein mussten. Das führte auch dazu, dass die Juden aus dem Handwerk gedrängt wurden, da dieses nur noch innerhalb von (christlichen) Zünften ausgeübt werden durfte. Auch im Fernhandel engagierten sich mehr und mehr christliche Kaufleute. Zwei **Zinsverbote für Christen** (1215 und 1311) verschafften den Juden zwar ein Monopol auf den Geldverleih, trug ihnen aber häufig den **Hass** ihrer Gläubiger ein. Die jüdischen Gemeinden waren nun ganz vom Schutz der weltlichen Herrscher abhängig. In der christlichen Theologie setzte sich mehr und mehr die Einordnung der Juden als **Gottesmörder** durch.

Die Neue Synagoge in Berlin

Im Spätmittelalter mit seinen verschärften **sozialen Spannungen** lösten Gerüchte, die Juden hätten Ritualmorde begangen oder Hostien geschändet, immer wieder schwere Pogrome mit **Tausenden von Toten** aus.

Antisemitismus ist keine Idee des 20. Jahrhunderts.

Durch die Pest eskalierte die Lage völlig, obwohl Papst Clemens VI. (um 1290–1342) mit dem Verweis, dass die Juden genauso Opfer der Pest seien, jegliche Lynchmorde untersagte. Lediglich in Spanien, Österreich, Böhmen und Polen gelang es den Herrschern weitgehend, ihre jüdischen Untertanen zu schützen. Kasimir der Große von Polen (1310–70) nahm sogar große Mengen von Flüchtlingen auf, was zur Entstehung des starken osteuropäischen Judentums führte. Nach der Pest hielt sich ein genereller **Antisemitismus**, der immer wieder zu Pogromen führte.

AUSWIRKUNGEN

Der im Mittelalter entstandene Antisemitismus ging nahtlos in den Antisemitismus der Neuzeit über. Die Aufklärung schien zu einer Besserung zu führen, die jedoch durch den **Nationalismus** des 19. Jahrhunderts und schließlich den deutschen Nationalsozialismus ins absolute Gegenteil verkehrt wurde.

KAMMERKNECHTSCHAFT

Kaiser Friedrich II. stellte 1236 die Juden als Kammerknechte seines Reiches unter seinen persönlichen Schutz. Er sicherte ihnen freie Religionsausübung, freie wirtschaftliche Betätigung und Autonomie bei innerjüdischen Rechtsangelegenheiten zu, verbot ihnen aber das Tragen von Waffen und kassierte eine Sondersteuer. Ähnlich gingen später auch andere Herrscher vor, wobei die Steuern oft so hoch waren, dass die Juden genötigt waren, von ihren Gläubigern Wucherzinsen zu kassieren. Außerdem waren die Herrscher oft nicht in der Lage – oder auch nicht interessiert – Pogrome zu verhindern oder hoben den Schutz sogar offiziell auf, wenn es politisch opportun erschien.

90 BÖHMEN

Karl IV. schuf nicht nur das Goldene Prag, sondern auch ein neues Machtzentrum in Osteuropa.

WER	Karl IV. (1316–79), ab 1347 König von Böhmen, ab 1355 Kaiser
WAS?	Königreich Böhmen
WANN?	1347–1526

Böhmen hatte seit dem frühen Mittelalter zum Kaiserreich gehört, aber nie zu Deutschland. Als einziges Königreich (seit 1198) innerhalb des Kaiserreiches spielte es eine Sonderrolle. **Karl IV.**, der die böhmische Krone von seiner Mutter geerbt hatte, war der erste Kaiser, der gleichzeitig auch böhmischer König war. Da seine Einflussmöglichkeiten im Reich be-

Die Prager Universität

grenzt waren, war Böhmen das Zentrum seiner Politik. Er machte Prag zu seiner Hauptstadt, gründete dort 1348 die **erste mitteleuropäische Universität**, holte zahlreiche Künstler und Gelehrte in die Stadt und baute Prag zur viertgrößten Stadt Europas aus. Durch seine enge Zusammenarbeit mit Kasimir dem Großen von Polen (1310–70) und Ludwig I. von Ungarn (1326–82) gewann Osteuropa politisch und wirtschaftlich enorm an Bedeutung. Kasimir trat ihm sogar Schlesien ab, das Karl der böhmischen Krone unterstellte, genauso wie die Lausitz, die er dem bayrischen Kurfürsten abgekauft hatte. Seinen Sohn Sigismund (1368–1437) verheiratete Karl IV. mit Ludwigs Erbtochter und sicherte ihm so auch die ungarische Krone.

░ AUSWIRKUNGEN

Nach einigen Wirren fielen Böhmen, Schlesien und Ungarn, zu dem seit 1102 auch Kroatien gehörte, 1526 als Erbschaft an den späteren Kaiser **Ferdinand I.** (1503–64) aus dem Hause Habsburg. Gemeinsam mit Österreich bildeten Böhmen und Ungarn die **Habsburger Erblande** und damit die eigentliche Machtbasis der Dynastie. Das Kaiserreich, dessen Krone die Habsburger seit 1440 nahezu durchgängig trugen, verlor darüber noch mehr an Bedeutung.

GOTISCHE KATHEDRALEN

In den Kathedralen des Hochmittelalters sollten die Gläubigen sich wie im Himmel auf Erden fühlen.

WAS?	Gotischer Baustil
WANN?	Ca. 1140–1500
BEISPIELE	Chor von *Saint-Denis* (1140), *Notre-Dame* von Paris (1163–1345), *Straßburger Münster* (1176–1439), *Notre-Dame* von Chartres (1194–1260), *Notre-Dame* von Reims (1210–1300), *Kölner Dom* (1248–1880), *Prager Veitsdom* (1344–1929)

Abt Suger ließ den Chor der Abteikirche von *Saint-Denis* mit einem Kranz von Säulen umgeben, die den Blick auf riesige, bunte Glasfenster freigaben. Das Gewölbe des Umgangs bestand erstmals aus **Spitzbogen**, weil diese den trapezförmigen Jochen des Umgangs mehr Stabilität gaben. Für Kunsthistoriker markiert das den **Beginn der Gotik**. In der Folge verbreitete sich der Stil in ganz Europa. Charakteristisch wurden neben dem Spitzbogen Gewölbe, die nur noch von Säulen und Pfeilern getragen werden, während das Mauerwerk dazwischen durch immer größere Fensterflächen ersetzt wurde. Eine immer höhere, schlankere und **filigranere Bauweise** sollte den Gläubigen das Gefühl geben, das himmlische Jerusalem sei auf die Erde herabgeholt worden. In vielen Städten war der Kathedralenbau Sache der ganzen Bürgerschaft. Alle beteiligten Arbeiter wurden in einer **Dombauhütte** zusammengefasst, der ein Meister vorstand. Das Fachwissen wurde von Meister zu Meister weitergegeben.

Der Kölner Dom 2011

AUSWIRKUNGEN

Die gotischen Kathedralen gehörten bis ins 19. Jahrhundert zu den größten Bauwerken der Welt. Der Stil wurde extrem ausgereizt und schließlich durch die völlig andere **Renaissance-Architektur** abgelöst. Während sich die gotischen Baumeister dem Himmel annähern wollten, war es der **Frührenaissance** ein Anliegen, wieder ein **menschliches Maß** zu finden.

HANSE

Kaufleute, die Krieg führen? Die mächtige Hanse gewann ihn sogar.

WAS?	Zusammenschluss zunächst von Kaufleuten, dann von Handelsstädten
WANN?	Ca. Mitte des 12.–17. Jh.
WO?	Rund 200 Handelsstädte der Nord- und Ostseeküste; Norddeutschland, Niederlande und Belgien (auch Binnenland)

Im 12. Jahrhundert begannen sich deutsche Kaufleute in den lukrativer werdenden **skandinavischen Ostseehandel** zu drängen. 1161 gewährte **Heinrich der Löwe** den gotländischen Kaufleuten Privilegien in Sachsen. Im Gegenzug durften sächsische Kaufleute auf Gotland, der Drehscheibe des Ostseehandels, eine Kolonie nach eigenem Recht gründen. Im 13. Jahrhundert entstanden im ganzen Ost- und Nordseeraum **Kaufmannskolonien**. Daraus wurde dann sehr schnell eine **Kooperation der Handelsstädte**. Bei dieser Zusammenarbeit ging es um Angelegenheiten wie einheitliches Recht für Geschäfte, Schaffung gemeinsam genutzter Strukturen, eine Lenkung der Warenströme, den gemeinsamen Kampf gegen Piraten und eine vereinte Vertretung nach außen, vor allem auch, um **kaufmännische Interessen** gegenüber Fürsten durchzusetzen. 1361 gewann man einen ersten **Krieg** gegen den dänischen König, der die Rechte der Hanse einschränken wollte.

Blütezeit der Hanse

AUSWIRKUNGEN

Die Hanse stärkte vor allem den Ostseeraum enorm. In ihrer **Blütezeit im Spätmittelalter** war sie neben den **Anrainerstaaten** eine mindestens gleichwertige **politische Macht**, die grundsätzlich an stabilen, friedlichen Verhältnissen interessiert war, um den Warenfluss nicht zu gefährden. Die Hansemitglieder scheuten sich aber nicht, auch selbst Kriege zu führen, wenn ihre Interessen gefährdet wurden. In der frühen Neuzeit verlor die Hanse durch den Überseehandel zunehmend an Bedeutung.

Das mittelalterliche Skandinavien erreichte seinen glanzvollen Höhepunkt unter einer Frau.

WER?	Margarethe I.
WANN?	1353 bis 28. Oktober 1412
WO?	Dänemark, Norwegen und Schweden

Im Jahr 1375 starb der dänische König Waldemar IV. Sofort kam seine jüngere Tochter **Margarethe von Norwegen** nach Dänemark und überzeugte den Kronrat mit Geschenken und Versprechungen, ihren erst fünfjährigen Sohn und nicht seinen älteren Cousin zum neuen König zu wählen. Nach dem Tod ihres Mannes 1380 wurde sie auch Regentin von Norwegen. Doku-

Margarethes Sarg

mente zeichnen das Bild einer stets freundlichen Frau, die eng mit den **Kronräten** zusammenarbeitete, sich aber nie wirklich in die Karten sehen ließ. Margarethe zeigte sich grundsätzlich zu **Verhandlungen** bereit, verschleppte diese aber gerne und taktierte, um dann unversehens ihre Chancen zu nutzen. Das brachte ihr den Ruf ein, unschlagbar **schlau** zu sein. Als 1387 ihr Sohn starb, wollten weder Dänemark noch Norwegen auf diese Regentin verzichten und machten sie zur **Königin**. Ein Jahr später forderte der schwedische Kronrat Margarethe auf, den eigenen ungeliebten König zu vertreiben und die Krone zu übernehmen. 1397 formte sie aus den drei Ländern die **Kalmarer Union**, deren König allerdings nominell ihr Großneffe Erik (um 1382–1459) wurde.

AUSWIRKUNGEN

Margarethe von Dänemark gehört zu den bedeutendsten Herrschern des Mittelalters. Schon ihre Zeitgenossen brachten ihr enormen **Respekt** entgegen. Eine skandinavische Vereinigung, wie die bis 1523 bestehende Kalmarer Union, wurde nie wieder geschaffen. Im Inneren verbesserte sie durch oft **harte Reformen** Wirtschaft, Sicherheit und Rechtslage. Außenpolitisch wahrte sie strikte Neutralität.

TIMUR

Der selbsternannte Erbe Dschingis Khans überzog den Orient mit Chaos und Zerstörung.

WER?	Timur bin Taraghay Barlas, im Westen Timur Leng oder Tamerlan
WANN?	8. April 1336 bis 19. Februar 1405
WO?	Zentralasien von der Türkei bis Westchina

Nach Dschingis Khans Tod 1227 war sein Reich unter seinen Söhnen in verschiedene Khanate zerfallen. Vor allem das sogenannte Tschagatai-Khanat zwischen China und Persien zersplitterte in der Folge extrem schnell. Ab 1363 begann ein Kriegsherr namens **Timur** mit einem **Söldnerheer** die Macht zu übernehmen. Er hatte in die Familie Dschingis Khans eingeheiratet und erklärte sich zum Erben von dessen Reich, das er, nun allerdings **islamisch** geprägt, wiederherstellen wollte. Bis 1402 war er bis nach Westanatolien vorgestoßen, wandte sich dann aber wieder nach Osten, um auch noch China anzugreifen. Seine **Grausamkeit** und Zerstörungswut scheinen die Dschingis Khans noch übertroffen zu haben. Neben Gefangenen und Gelehrten ließ er erbeutete Kunstwerke in seine **Hauptstadt Samarkand** schaffen und diese dort überaus prächtig aufbauen. Andere Eroberungen vergab er an Verwandte, schuf jedoch kaum eine Verwaltung, sodass das Reich nach seinem Tod schnell verfiel. Nur in Samarkand und Herat hielten sich seine Nachkommen noch 100 Jahre lang.

Timur Leng

AUSWIRKUNGEN

Timur schuf das glanzvolle Samarkand, aber die **Verwüstungen**, die er in den eroberten Gebieten hinterließ, waren so groß, dass manche Historiker davon ausgehen, dass der Orient dadurch seinen kulturellen Vorsprung vor dem Okzident verlor. Die **Europäer**, namentlich das byzantinische Reich und Russland, **profitierten** dagegen, da seine Angriffe die Osmanen und die Goldene Horde schwächten.

MING-DYNASTIE

In China fand der Umbruch zwischen Mittelalter und Neuzeit schon im 14. Jahrhundert statt.

WAS?	Herrscher-Dynastie
WANN?	1368–1644
WO?	China

Dammbrüche des Gelben Flusses führten 1324 in China zu verheerenden **Überschwemmungen**. Das mongolische Kaiserhaus aber erhöhte die Steuern. Als es 1351 auch noch Hunderttausende von **Zwangsarbeitern** für neue Kanalbauarbeiten rekrutierte, brach eine **Revolution** aus, die Kaiser Hongwu (1328–98) auf den Thron brachte. Dieser bemühte sich vor allem um den **inneren Wiederaufbau** und stellte die Wirtschaft vom Handel wieder vornehmlich auf die Landwirtschaft um. Als exzellenter Organisator und Machtpolitiker schuf er ein effektives, aber auch **absolutistisches Regime** mit einem sehr großen **Verwaltungsapparat**, aber auch einer starken **Geheimpolizei**. Gesellschaftlich entstand ein **Ständestaat**, in dem kaum ein Ausbruch aus der eigenen Kaste möglich war. Außenpolitisch unterwarf Hongwu Korea und nahm Einfluss auf Japan und Vietnam. Unter seinen Nachfolgern nahmen Abschottung und **Bürokratismus** noch zu, die Kontrolle darüber ging aber oft an Günstlinge oder hohe Beamte verloren. Außerdem begann das anfangs sehr erfolgreiche Wirtschaftssystem Hongwus zu versagen, was zu **Bauernaufständen** und einer Übernahme durch die Mandschu führte.

Kaiser Hongwu

AUSWIRKUNGEN

Die starren Strukturen, die die Ming-Kaiser China verpasst hatten, blieben auch nach ihrem Sturz erhalten und prägten China bis ins 19. Jahrhundert, wo das **verkrustete System** zu einem großen **Problem** wurde. Außerdem erzwang nun der Westen Handelskontakte, da China seit der Zeit der Ming zwar chinesische Luxusgegenstände exportiert hatte, dafür aber nichts als Silbergeld ins Land hineingelassen hatte.

Der Feuertod sollte Jan Hus zum Schweigen bringen. Seine Lehre wurde dadurch aber erst recht zum Zündstoff.

WER?	Jan Hus (um 1359–1415), Kaiser Sigismund (1368–1437), Wenzel der Faule (1361–1419), Papst Martin V. (Oddo di Colonna, 1368–1431)
WAS?	Kampf des Papstes, des böhmischen Königs und deutscher Fürsten gegen die tschechischen Anhänger des Jan Hus
WANN?	1415–34

Jan Hus auf dem Scheiterhaufen

Auf dem **Konzil von Konstanz** im Juli 1415 wurde ein **Schisma zwischen drei Päpsten** beendet, aber auch der Reformator **Jan Hus als Ketzer** verbrannt. Hus kritisierte die Verweltlichung der Kirche und das oft lasterhafte Leben des Klerus, trat für Gewissensfreiheit ein und sah die **Bibel als einzige Autorität** in Glaubensfragen an. Kaiser Sigismund, ein Sohn Karls IV., hatte ihm freies Geleit zugesichert, verhinderte sein Todesurteil aber nicht. Damit nicht genug, drängte anschließend Sigismunds Bruder Wenzel von Böhmen, der 1400 wegen absoluter Unfähigkeit als Kaiser abgesetzt worden war, alle Hussiten aus kirchlichen und weltlichen Ämtern. 1419 kam es in Prag zum **Aufstand**. Papst Martin V. rief daraufhin zum **Kreuzzug gegen die Hussiten** auf. Mehrere Kriegszüge deutscher Fürsten scheiterten aber. Ab 1424 unternahmen sogar die Hussiten verheerende **Raubzüge** in deutschsprachige Gebiete, vor allem nach Schlesien und Österreich. 1431 konnte Kaiser Sigismund einen **Kompromiss** mit den gemäßigten Hussiten schließen und anschließend die radikalen besiegen.

AUSWIRKUNGEN

Jan Hus ist als **Vorläufer Martin Luthers** zu sehen, der (noch) scheiterte. Bei den Hussitenkriegen dagegen spielte auch der Hass der Tschechen gegen die starke Bevorzugung der Deutschen in Böhmen unter Karl IV. und seinen Söhnen eine Rolle.

Heinrich der Seefahrer

Heinrich der Seefahrer ist nie zur See gefahren. Trotzdem legte er den Grundstein für die Entdeckung der Neuen Welt.

WER?	Heinrich, Infant (Prinz) von Portugal, Gouverneur der Algarve
WAS?	Entdeckungsfahrten entlang der afrikanischen Küste, Entwicklung der Karavelle, Förderung nautischer Kenntnisse, Inbesitznahme Madeiras und der Azoren für Portugal
WANN?	4. März 1394 bis 13. November 1460

Heinrich, der vierte Sohn des portugiesischen Königs, machte die **Förderung der Seefahrt** zu seinem Lebensinhalt. Ihm schwebte ein **Seeweg nach Indien** vor, der um Afrika herumführen sollte. So wollte er im **Handel mit Asien** und mit dem Afrika jenseits der Sahara die Muslime umgehen. Außerdem hoffte er, den **christlichen Glauben** in der Welt verbreiten zu können. Heinrich finanzierte Fahrten entlang der afrikanischen Küste und verpflichtete alle Kapitäne, ihre Entdeckungen und **nautischen Erkenntnisse** in Logbüchern festzuhalten. 1419 erreichten seine Seefahrer Madeira, 1427 die Azoren, 1435 die Goldküste (Ghana), 1444 befuhren sie den Senegalfluss, 1446 den Gambiafluss, 1455 entdeckten sie die Kapverdischen Inseln. Für diese Fahrten wurde mit der **Karavelle** ein neuer, ideal geeigneter **Schiffstyp** entwickelt.

AUSWIRKUNGEN

Heinrich der Seefahrer legte den Grundstein für die **frühneuzeitlichen Entdeckungsfahrten**. 1498 erfüllte der portugiesische Seefahrer **Vasco da Gama** (um 1469–1524) sich schließlich seinen Traum und entdeckte den Seeweg nach Indien. Den Plänen von Christoph Kolumbus (1451–1506) dagegen erteilte man am portugiesischen Hof eine Absage, weil man genau wusste, wie weit der Westweg nach Indien war. Allerdings begann schon unter Heinrichs Ägide auch der europäische **Handel mit Sklaven** aus Afrika.

Christoph Kolumbus

98 ROSENKRIEGE

Das große Abschlachten des englischen Adels faszinierte schon Shakespeare.

WER?	Lancaster: Heinrich VI. von England (1421–71), Heinrich VII. Tudor von England (1457–1509)
	York: Richard, 3. Herzog von York (1411–60), Eduard IV. von England (1422–83), Richard III. von England (1452–85)
WAS?	Thronstreit zwischen den Häusern York und Lancaster
WANN?	1455–85

Der Herzog von Lancaster hatte 1399 seinen unfähigen Cousin, König Richard II., entmachtet. Als aber 55 Jahre später sein Enkel **Heinrich VI.** Anzeichen von **Geistesschwäche** zu zeigen begann und sich das Blatt im Krieg mit Frankreich zum Negativen wendete, formierte sich eine **Opposition**, angeführt vom **Herzog von York**, dessen Vorfahren in der Thronfolge 1399 übergangen worden waren. 1471 schien

Haus York

die Lancaster-Partei besiegt, doch nach dem Tod des York-Königs Eduard IV. riss dessen Bruder Richard III. die Krone an sich und ließ wahrscheinlich seine Neffen ermorden. Nun präsentierte die Lancaster-Partei **Heinrich Tudor als neuen Thronkandidaten,** der mütterlicherseits über eine illegitime Verbindung von Eduard III. abstammte. Er konnte sich 1485 durchsetzen, heiratete die Tochter Eduards IV. und wurde als Heinrich VII. neuer König.

Haus Lancaster

▦ AUSWIRKUNGEN

Die Rosenkriege waren nur der letzte Teil einer **Auseinandersetzung des englischen Adels um die Thronfolge**, die schon unter Richard II. begonnen hatte und in die oft sehr persönliche Motive hereinspielten. Da man besiegte Gegner in der Regel hinrichten ließ, war der hohe Adel am Ende ziemlich ausgeblutet. Heinrich VII. konnte ungehindert eine wirksame **Konsolidierungspolitik** betreiben und ein starkes, schon neuzeitlich ausgerichtetes Königtum etablieren.

Sieg der Osmanen

1453 fiel Konstantinopel. Europa war schockiert.

WER?	Osman I. (1258–1326), Mehmed II. (1432–81), Sultane der Osmanen
WAS?	Eroberung des byzantinischen Reiches und des Balkan
WANN?	1299–1470

Im Jahr 1081 hatte sich in Zentralanatolien das Sultanat Rum vom Seldschukenreich abgespalten. Ab 1299 begann sich ein rumseldschukischer Clanchef namens **Osman** selbstständig zu machen und erweiterte seinen Herrschaftsbereich sukzessive auf Kosten der benachbarten Clans und des byzantinischen Reiches. 1354 dehnten die Osmanen ihre Eroberungen nach Europa aus, wo sie

Der Fall Konstantinopels

zwischen 1385 und 1396 die Zarentümer Bulgarien und Serbien eroberten. Angriffe auf Ungarn-Kroatien scheiterten 1402 durch den Einfall Timurs in Anatolien und zwischen 1441 und 1453 am **ungarischen Heerführer Johann Hunyadi** (um 1387–1456). Mehmed II. (1432–81) nahm 1453 den letzten Rest des oströmischen Reiches, die Stadt Konstantinopel, ein. Anschließend unterwarf er bis 1470 den Rest des Balkans.

AUSWIRKUNGEN

Der **Fall Konstantinopels** hatte sowohl für das christliche Europa wie die Osmanen hohen Symbolwert. Er bedeutete aber auch, dass die Osmanen nun endgültig die traditionellen Handelsrouten zwischen Orient und Okzident kontrollierten. Da sie ihre **Eroberungspolitik** gegen Ungarn aber in der Folge weiter fortsetzten, litt der Austausch zwischen Europa und Asien massiv. Die Balkanvölker konnten unter der osmanischen Herrschaft zwar ihre kulturelle Identität bewahren, doch nach der Befreiung im späten 19. Jahrhundert verursachten ihre bis dato nicht geklärten territorialen Ansprüche gegeneinander heftige **politische Verwerfungen**, die u. a. auch zum Ausbruch des Ersten Weltkrieges beitrugen.

100 ERSTER ZAR

Die Kaiser von Konstantinopel waren 1453 Geschichte. Aber in
Russland rief sich ein Nachfolger aus.

WER?	Iwan III. der Große, Großfürst von Moskau
WAS?	Einigung der russischen Fürstentümer, Abschütteln der mongolischen Herrschaft
WANN?	23. Januar 1440 bis 27. Oktober 1505, ab 1462 Großfürst, ab 1478 russischer Zar

Die Russen waren um 1240 von den
Mongolen der **Goldenen Horde** erobert worden. Diese residierten im Wolga-
delta und forderten **Tribut und Militär-
hilfe,** tasteten aber die Kultur ihrer
Vasallen nicht an. Zu Beginn des 14. Jahrhunderts gelang es dem Moskauer Großfürsten **Iwan I. Kalita** („Geldsack", 1288–
1341) mit den Mongolen zu paktieren. Sie
halfen ihm gegen seine Rivalen und stärk-
ten so seine Macht. Er trieb den Tribut für
sie ein und sorgte für Ruhe und Ordnung.
1346 wurden die Mongolen durch die Pest
geschwächt, danach gab es Thronkämpfe
und 1395 fiel Timur an der Wolga ein. Da-

Zar Iwan III.

nach zersplitterte das Khanat der Goldenen Horde. Der **Moskauer Großfürst Iwan III.** konnte unbehelligt die Kontrolle über die anderen russischen Fürstentümer übernehmen. Dort siedelte er nach 1453 Flüchtlinge
aus Konstantinopel an. Dafür verdrängte er die Großgrundbesitzer (Boja-
ren) von der Teilhabe an der Macht. Er erklärte sich zum **Erben Ostroms**
und Bewahrer des orthodoxen Glaubens, heiratete eine Nichte des letzten byzantinischen Kaisers und nannte sich **ab 1478 Zar** (Kaiser). 1480
rüsteten die Mongolen doch zum Krieg, gaben aber angesichts der russischen Stärke kampflos auf.

⬛ AUSWIRKUNGEN

Iwan III. einte die russischen Kerngebiete und etablierte eine starke **auto-
kratische Herrschaft**. Damit schuf er die Grundlagen, die das russische
Zarenreich als Großmacht etablierten.

HEXENHAMMER

Hexenverfolgungen waren ein Phänomen der Neuzeit. Aber die Wurzeln finden sich im Mittelalter.

WER?	Heinrich Kramer, genannt Institoris (um 1430–1505)
WAS?	*Malleus Maleficiarum* (Hammer der Übeltäterinnen)
WANN?	1486

Die Überzeugung, dass es Hexerei gibt, galt im frühen Christentum als Aberglaube und wurde schwer bestraft. Im Rahmen der **Ketzerverfolgungen** kam die Vorstellung von Sekten auf, die im Pakt mit dem Teufel standen. Einer der ersten, der glaubte, im Kampf gegen die Luziferaner alle Regeln des Inquisitionsverfahrens missachten zu können, war **Konrad von Marburg** (um 1180–1233). Vermischt mit heidnischen Hexenvorstellungen wurde daraus der Glaube, es gebe Menschen, die sich dem Teufel verschrieben hätten und dafür von ihm mit der Fähigkeit zu **Schadzauber** ausgestattet worden seien. Der **Dominikanermönch Heinrich Kramer** ließ vermutlich 1482 erstmals zwei Frauen wegen Hexerei verbrennen. 1484 brachte er **Papst Innozenz VIII.** (Giovanni Battista Cibo, 1432–92) dazu, in einer **Bulle** die Hexerei zu verurteilen und somit ihre Existenz anzuerkennen.

Darstellung fliegender Hexen

In seinem *Hexenhammer* gab Kramer vor, das Thema Hexerei scholastisch zu untersuchen. Darin entwickelte er u. a. die Vorstellung, dass vor allem Frauen aufgrund ihrer größeren sexuellen Begierde anfällig für Teufelspakte seien.

■ AUSWIRKUNGEN

Obwohl Kramer sich selbst rühmte, 200 Hexen zur Strecke gebracht zu haben, war sein Einfluss zu Lebzeiten noch gering. Mit der Hexenbulle und der pseudowissenschaftlichen Art des *Hexenhammers* trug er aber maßgeblich dazu bei, den Hexenglauben in der christlichen Religion zu verankern. Der *Hexenhammer* wurde zur „Bibel" der Hexenjäger.

MODE

Schick kleiden durfte sich im Mittelalter eigentlich nur die Oberschicht.

FRÜHMITTELALTER	Kleid mit Unterkleid für Frauen; Hemd, Kittel, Leinenhose (Brouche) und Beinlinge für Männer
HOCHMITTELALTER	Körperbetonte Kleider für Frauen, Aufkommen der Hauben; längere Gewänder für Männer
SPÄTMITTELALTER	Schnell wechselnde Moden für beide Geschlechter

Im **Frühmittelalter** war die Kleidung generell noch recht **einfach und einheitlich**. Adlige hoben sich durch bessere und buntere Kleidung und durch Schmuck vom einfachen Volk ab. Könige trugen zu besonders festlichen Anlässen aus der byzantinischen Mode stammende, lange Prachtgewänder, die jedoch als **sakrale Bekleidung** ähnlich einem Messgewand verstanden wurden. Im **Hochmittelalter** wurden die Kleiderschnitte beim Adel **modischer**. Einfachen Leuten dagegen wurden Farben und körperbetonte Schnitte verboten. Das **Spätmittelalter** war eine Zeit **modischer Exzesse**: gezackte Zaddeltracht, hautenge Beinlinge, gerne in verschiedenen Farben, extrem spitze Schnabelschuhe, bodenlange Ärmel und immer aufwendigere Hauben, bis hin zum hohen, spitzen burgundischen Hennin.

AUSWIRKUNGEN

Je wichtiger die Standesgrenzen im Verlauf des Mittelalters wurden, desto mehr nahm auch die Bedeutung der Mode zu. Eine Unmenge von **Kleidervorschriften** sollte verhindern, dass sich Personen über ihren Stand kleideten. Während man dem gemeinen Mann im 12. Jahrhundert nur schwarze oder graue Wolle erlaubte, machten sich Narrenspiele aus dem Spätmittelalter über Handwerker mit Reihenfedern am Barett und Bäuerinnen mit langen Locken lustig. Ein Beweis, dass allen Vorschriften zum Trotz eine Art modisches Wettrüsten stattfand.

Hennin: Kopfbedeckung von Frauen

KÜCHE

Beim Adel bogen sich oft die Tische. Gesünder aber war meist das Mahl der Bauern.

GRUNDNAHRUNGSMITTEL	Getreidebrei und Brot
GETRÄNKE	Wasser, Wein, Bier, letzteres oft dünn und mit diversen Zutaten gewürzt (Grutbier)
FASTENZEITEN	Mittwochs, freitags, 40 Tage vor Ostern, 20 Tage vor Weihnachten und Pfingsten, am Vorabend von Heiligenfesten

Im Mittelalter aß man meist zweimal am Tag: am späten Vormittag und am frühen Abend. Bei **einfachen Leuten** stand vor allem Mus auf dem Tisch, ein **Getreidebrei**, der mit Gemüse und Kräutern ergänzt wurde. Ab dem 11. Jahrhundert wurde das Mus teilweise durch Brotfladen ersetzt. Salz und vor allem Gewürze waren weitgehend ein Privileg der Reichen. Die übliche Zubereitung war das Kochen über offenem Feuer. **Fleisch** wurde auch am Spieß gegrillt. Im Frühmittelalter durften auch einfache Leute ihren Speisezettel durch das Ja-

Jagdszene

gen, zumindest von Kleintieren und Fischen, ergänzen. Spätestens ab dem 13. Jahrhundert hatte sich der **Adel** nahezu überall die **Jagd- und Fischereirechte** gesichert. Auf seinem Speisezettel spielte Fleisch eine Hauptrolle. Vor allem bei festlichen Anlässen wurden **mehrere Gänge** aufgefahren, die jeweils aus etwa zehn bis zwölf Gerichten bestanden, teilweise nur **Schaugerichten**. Dazu gab es Brot aus feinem Mehl und Obst, aber nur wenig Gemüse, da dies als bäuerisch galt.

AUSWIRKUNGEN

Die einfache Bevölkerung war meist schon zufrieden, wenn sie überhaupt satt wurde. Allerdings war ihr Speisezettel, wenn schon nicht schmackhaft, so doch gesund. Für den Adel dagegen war es vermutlich gesundheitlich von Vorteil, dass die Kirche auf bis zu 150 Fasttage bestand, an denen Fleisch, vor Ostern auch Eier und Milchprodukte, verboten waren.

GESELLSCHAFT UND KULTUR IM SPÄTMITTELALTER

Die Menschen des Spätmittelalters suchten Vergnügen – oft auch auf Kosten anderer.

WAS?	Fastnachtsspiele, Glücksspiele, Badehäuser u. a.
WANN?	Ab dem 13. Jh.
WO?	Vor allem Städte

Die Gesellschaft des Spätmittelalters war von **Standes- und Prestigedenken** geprägt. Einerseits war es kaum noch möglich, aufzusteigen, andererseits imitierte man nach Kräften höher stehende Schichten und versuchte, sich nach unten abzusetzen. Prasserei und modische Exzesse waren kein Privileg des Adels mehr. **Bußprediger** wetterten darüber genauso wie über die neue Lust an Würfel- und Kartenspielen sowie am Besuch der Badehäuser – am besten in gemischter Gesellschaft. Überhaupt gab es eine starke **Erotisierung**, z. B. auch bei der Kleidung oder in Fastnachtsspielen voll derber sexueller Anspielungen. Gleichzeitig waren die **Sanktionen für Verfehlungen** viel drastischer als im Frühmittelalter. Frauen wurden zunehmend in das Schema Heilige oder Hure gepresst. Während

Wildes Treiben im Badehaus

auf dem Land meist Männerüberschuss geherrscht hatte, stand die Ehe in den Städten nur wenigen Frauen offen. Manche alleinstehende, berufstätige Frauen taten sich in **Beginenhäusern** zusammen. Außerhalb der Gemeinschaft standen alle, die einen „unehrlichen" Beruf hatten. Dazu gehörten Nichtsesshafte, Henker, Totengräber und Latrinenreiniger, teilweise auch Bader, Schäfer, Müller u. a. Allgemein verbreitet war die **Verachtung der Städter für die Bauern**, die in Fastnachtsspielen als bodenlos dumm und primitiv dargestellt wurden.

AUSWIRKUNGEN

Die Kultur des Spätmittelalters war viel bunter und mehr von **Vergnügen** geprägt als zuvor. Doch es gab auch eine starke **Doppelmoral**, sowie Ab- und Ausgrenzung.

MEDICI

Die Medici waren die reichste Familie der Welt und regierten Florenz – bis ein Bußprediger auf den Plan trat.

WER?	Cosimo der Alte (1389–1464), Lorenzo der Prächtige (1449–92)
WAS?	Bankierdynastie und Machthaber von Florenz
WANN?	1434–1737

Das **Bankenwesen** entstand im 13. Jahrhundert in Florenz. Einige reiche Kaufmannsfamilien begannen, ein europaweites Bankennetz aufzubauen. Einen Impuls gaben auch die Kreuzzüge, da die Kreuzfahrer für ihren Lebensunterhalt nicht Unmengen an Schätzen mit sich tragen, sondern lieber einen Schuldschein in einer der auch im Orient vertretenen Niederlassungen unterschreiben wollten. Die **Medici** waren eigentlich **Wollhändler**, aber als die bis dato tätigen Bankiers bankrott gingen, weil **Eduard III.** von England seine **Kriegsschulden** nicht zurückzahlen wollte, nutzten sie Ende des 14. Jahrhunderts ihre

Cosimo der Alte

Chance und stiegen – auch dank guter Beziehungen zum Papst – sehr schnell zur **reichsten Familie Europas** auf. Cosimo der Alte konnte sich dann zum De-facto-Herrscher der Republik Florenz machen. Seinen Höhepunkt erlebte das Medici-Florenz unter Cosimos Enkel Lorenzo dem Prächtigen. 1494 jedoch brachte der Dominikanermönch Girolamo Savonarola (1452–98) durch flammende Bußpredigten die Florentiner dazu, die Medici aus der Stadt zu vertreiben und sich ganz der Askese und Buße zu verschreiben. Papst Alexander VI. (Rodrigo Borgia, 1431–1503) exkommunizierte ihn allerdings und drängte den Magistrat von Florenz dazu, ihn zu verbrennen. 1532 machte ein Medici-Papst **Florenz** dann zum **Herzogtum** der Dynastie.

▦ AUSWIRKUNGEN
Während Europa nördlich der Alpen noch mittelalterlich geprägt war, erlebte Florenz unter den Medici bereits die Blütezeit der Renaissance.

BEGINN DER RENAISSANCE

Im späten Mittelalter war Oberitalien der übrigen Welt mindestens 100 Jahre voraus.

WER?	Francesco Petrarca (1304–74), Filippo Brunelleschi (1377–1446) u. a.
WAS?	Wiederentdeckung der antiken Kunst und Kultur
WANN?	Ab etwa 1330

Der Beginn der Renaissance wird oft am Wirken des **Dichters Francesco Petrarca** festgemacht, der sich für die römische Antike begeisterte und sein eigenes Werk an antike Vorbilder anlehnte. Er schrieb Gedichte und Geschichtswerke, in deren Mittelpunkt der Mensch, nicht Gott stand. Um 1400 gab es zahlreiche italienische Gelehrte, die Werke antiker Autoren sammelten und studierten. Viele dieser Werke stammten aus den ehemals maurischen Gebieten Spaniens oder kamen aus Byzanz in den Westen. 1444 richtete Cosimo Medici im Kloster *San Marco* die **erste öffentliche Bibliothek** ein. 1419 entwarf der Florentiner Architekt Brunelleschi die ersten Gebäude, die völlig mit dem gotischen Stil brachen und sich an die **Architektur der römischen Antike** anlehnten. Die **Medici als Mäzene** spielten dabei eine große Rolle. Cosimo förderte mit Brunelleschi, Donatello (um 1386–1466) oder Filippo Lippi (um 1406–69) Vorreiter der Renaissancekunst, sein Enkel Lorenzo der Prächtige mit dem jungen Michelangelo (1475–1564) und Botticelli (1445–1510) bereits einige ihrer größten Koryphäen. Während in **Italien** schon um **1500** die **Hochrenaissance** begann, kamen im übrigen Europa die neue Kunst und das neue Denken erst langsam an.

Statue Brunelleschis

AUSWIRKUNGEN

Aus der Beschäftigung mit der antiken Kunst und Geisteswelt entwickelten sich ein **kritisches Hinterfragen** und eine Hinwendung zu **wissenschaftlichem Denken**, die den Bruch zwischen Mittelalter und Neuzeit markieren.

Maximilian I.

Der Letzte Ritter war in Wahrheit schon ein Fürst der Renaissance.

WER?	Maximilian I. von Habsburg, Herzog von Burgund, Erzherzog von Österreich, Kaiser des Heiligen Römischen Reiches
WAS?	Versuch einer Reichsreform, Heirat mit Maria von Burgund, Verheiratung seines Sohnes mit der Erbin Spaniens
WANN?	22. März 1459 bis 12. Januar 1519

Kaiser Maximilian wird gerne als der Letzte Ritter bezeichnet. Tatsächlich war er ein glänzender Turnierkämpfer mit einem **Faible für Ritterromantik**. Daneben agierte er als **Mäzen der Künste und Wissenschaften** schon wie ein Renaissancefürst. Im Gegensatz zu seinem Vater, den die Zeitgenossen als „des Reiches Erzschlafmütze" verspotteten, bemühte er sich wenigstens um **Reichsreformen**. Sein Vater hatte ihm die Hand der reichen Erbin **Maria von Burgund** (1457–82) sichern können. Um deren Länder musste er allerdings mit den französischen Königen mehrere **Kriege** führen. Am Ende konnte er sich den größten Teil, vor allem die reichen Niederlande sichern. Seinen eigenen Sohn Philipp (1479–1506) verheiratete Maximilian mit Johanna der Wahnsinnigen (1479–1555), die vier Jahre später Erbtochter der sogenannten Katholischen Könige Spaniens wurde.

Maximilian I. *von Albrecht Dürer*

▨ AUSWIRKUNGEN

Von Maximilians Reformen blieb eigentlich nur das **Reichskammergericht**, da sich die deutschen Fürsten praktisch nicht mehr in ihre Länder hineinregieren ließen und das Reich somit schon weitgehend in Einzelstaaten zerfallen war. Auch er selbst stärkte durch die Hochzeiten vor allem das Haus Habsburg. Das brachte seinen Nachfolgern allerdings eine **Erbfeindschaft mit Frankreich** ein. Maximilian, der äußerst verschwenderisch lebte, hinterließ außerdem jede Menge Schulden.

KATHOLISCHE KÖNIGE

Tatkräftig, aber erzkatholisch erschufen Isabella und Ferdinand das neuzeitliche Spanien.

WER?	Isabella I. von Kastilien (1451–1504) und Ferdinand II. von Aragon (1452–1516)
WAS?	Entstehung Spaniens, Eroberung von Granada, Entdeckung Amerikas
WANN?	Hochzeit 1469

Um nicht Spielball ihres Halbbruders zu werden, heiratete die **kastilische Prinzessin Isabella** 1469 heimlich und auf eigene Initiative hin den **König des Nachbarlandes Aragon**. Als fünf Jahre später ihr Bruder

starb, erkämpfte sie sich gegen die Ansprüche ihrer Nichte den Thron. 1492 eroberten Ferdinand und Isabella mit **Granada** die letzte Bastion der Muslime in Spanien. Anschließend ordneten sie an, dass alle Juden sich entweder taufen lassen mussten oder das Land verlassen. Um Juden aufzuspüren, die nur heimlich konvertiert waren, wurde die **Inquisition in Spanien** eingeführt. 1502 wurden alle Mauren aus Spanien ausgewiesen. Daneben rüsteten die beiden 1486 Christoph Kolumbus (1451–1506) aus, der unter ihrer Flagge **Amerika entdeckte**. 1503 eroberte Ferdinand das Königreich Neapel-Sizilien, 1512 das kleine, in den Pyrenäen gelegene Navarra.

Die Katholischen Könige mit ihrer Tochter Johanna

AUSWIRKUNGEN

Politisch wurde Spanien unter den Katholischen Königen (ein vom Papst verliehener Ehrentitel) ein Schwergewicht, kulturell erlitt es einen enormen Aderlass. Durch die Entdeckung Amerikas, die Spanien schwerreich machte, waren sie **Vorreiter der Neuzeit**, während sie andererseits in Religionsfragen selbst für ihre Zeit extrem starr waren. Im Zeitalter der Reformation wurde der **spanische Katholizismus** selbst katholischen Nachbarländern immer suspekter, was auch dazu führte, dass etwa das Ausmaß der spanischen Inquisition extrem übertrieben dargestellt wurde.

Inkas, Mayas, Azteken: Die Europäer zerstörten hoch entwickelte Zivilisationen.

WAS?	Hochkulturen der Azteken und Inka
WANN?	Ca. 1320–1521, bzw. 1200–1572
WO?	Valle de México um Mexiko-City, bzw. Anden von Ecuador bis Chile

Bei der Entdeckung Amerikas stieß Kolumbus zunächst auf Arawak-Indianer und Kariben, eine friedliche, wehrlose **Bauernkultur**, die nur einfache Handwerkstechniken beherrschte. Die zivilisatorischen Zentren waren weiterhin Mittelamerika und die Anden rund um Peru. In Mexiko waren im 14. Jahrhun-

Pyramide der Maya

dert die Azteken eingewandert und hatten die Tolteken als dominierende Macht abgelöst. Dabei übernahmen sie aber sehr viel von der traditionellen mittelamerikanischen Kultur. Neben den Azteken existierten aber auch andere **hoch entwickelte Indianerkulturen**, allen voran die Maya. In den Anden dagegen tauchten um 1200 die Inka auf, die ihrer eigenen Legende zufolge vom Titicacasee stammten, und gründeten die Stadt Cuzco. Von dort aus übernahmen sie das bereits im Niedergang befindliche Wari-Reich und dehnten es bis etwa 1527 über einen Großteil der Andenregion aus. Das riesige Reich war straff und effizient durchorganisiert, besaß **Schulen** und war technisch sehr bewandert, vor allem auf dem Gebiet des **Straßenbaus** in den schwierigen Bergregionen.

AUSWIRKUNGEN

Alle indianischen Kulturen, auch das starke Inkareich, wurden von den Europäern vernichtet, sodass sie wenig Einfluss auf die Nachwelt ausübten. Nach der **brutalen Unterwerfung** durch die goldgierigen **Konquistadoren** sorgten Missionare dafür, dass die heidnische Kultur der Unterworfenen völlig ausgelöscht wurde. Am ehesten gelang es noch den Maya, Zeugnisse ihrer frühen Kultur zu retten.

FAMILIE FUGGER

Die Augsburger Kaufmannsfamilie wurde so reich, dass sie
Kaiser und Kardinäle lenkte.

WER?	Hans Fugger (14. Jh.), Jakob Fugger der Reiche (1459–1525)
WAS?	Augsburger Kaufmannsdynastie
WANN?	Ab 1367

Hans Fugger kam als **einfacher Weber**
nach Augsburg. Aber dank zweier **vorteilhafter Heiraten** und der Idee, **billigere
Stoffe** herzustellen, indem er dem Leinen
orientalische Baumwolle beimischte, die
er ohne Zwischenhändler aus Italien bezog, schaffte er es innerhalb von 19 Jahren, **Zunftmeister** zu werden. Seine Söhne
konzentrierten sich immer mehr auf den
Textilhandel. Sein Enkel Jakob wurde zur
Lehre nach Italien geschickt, wo er nicht
nur das modernste **Bank- und Handelswesen** kennenlernte, sondern auch Kontakte zu den Medici und dem Papst knüpfte.
Jakob Fugger engagierte sich in allen Wirtschaftsbereichen, die großen Gewinn versprachen.

Albrecht Dürers Portrait des
Jakob Fugger

Seine Spezialität: Er lieh Fürsten mit großem Finanzbedarf wie
Kaiser Maximilian I. oder seinem Enkel Karl V. Geld und ließ sich dafür
Erzgruben und Schürfrechte überschreiben. Auf diese Weise erlangte er
beinahe ein **Monopol im Kupfer- und Silberhandel**. Seine **Kredite** an
Kurfürst Albrecht von Brandenburg (1490–1545) ließ er sich durch Anteile
am Ablasshandel zurückzahlen und trug damit indirekt zur Reformation
bei. Nach der Entdeckung des Seeweges nach Indien stieg er auch in den
portugiesischen **Gewürzhandel** ein.

▒ AUSWIRKUNGEN

Jakob Fugger ist nur das Extrembeispiel. Es waren vor allem die **Kaufleute**, die die Chancen der neuen Zeit nutzten und damit **Macht** über alte
Autoritäten wie Kirche und Fürsten bekamen. Diese mussten sich den
wirtschaftlichen Gegebenheiten der Neuzeit anpassen, nicht umgekehrt.

Im Kampf gegen Martin Luther repräsentierte der Kaiser, obwohl jünger, die Vergangenheit.

WER?	Karl V., Kaiser des Heiligen Römischen Reiches, König von Spanien
WAS?	Kampf gegen die Reformation
WANN?	24. Februar 1500 bis 21. September 1558

Eigentlich lebte Karl V. schon in der Neuzeit. Konstantinopel war gefallen, Amerika entdeckt, Renaissancekunst und Humanismus hatten Einzug gehalten und die Reformation hatte begonnen. In seinem **Selbstverständnis** aber war er in vielen Angelegenheiten noch ganz dem **Mittelalter verhaftet**. Er war der letzte Kaiser, der sich vom Papst krönen ließ. Zudem war er überzeugter Katholik, dem die Bekämpfung der Reformation am Herzen lag. Dies gelang ihm allerdings nicht, da er immer wieder auf die Unterstützung der deutschen Fürsten angewiesen war. Den **Augsburger Religionsfrieden** von 1555, der den **Protestantismus** in Deutschland erlaubte, ließ er seinen Bruder Ferdinand (1503–64) aushandeln. Danach trat er die Niederlande und Spanien an seinen Sohn Philipp (1527–98) ab. Ein Jahr später dankte er zu Gunsten seines Bruders ab. Er erklärte, müde und krank zu sein, da sich seine großen Hoffnungen, wie die, der gesamten Christenheit Frieden und Eintracht zu erhalten, nicht erfüllt hätten.

Karl V.

■ AUSWIRKUNGEN

Karls größter persönlicher Fehlschlag bestand darin, dass es ihm nicht gelungen war, die Reformation zu verhindern. Seine Abdankung hatte ebenfalls Folgen. Da Papst Paul IV. (1476–1559) wegen des Augsburger Religionsfriedens Einwände gegen Ferdinand als Kaiser erhob, beschlossen die Kurfürsten, die Kaiserkrönung künftig selbst vorzunehmen. Außerdem wurde sein **Reich geteilt**. Allerdings arbeiteten spanische und österreichische Habsburger in der Folge politisch immer eng zusammen.

Register

Bildnachweis